京华通览 历史文化名城

主编／段柄仁

故宫概览

王佳桓／编著

北京出版集团公司
北 京 出 版 社

图书在版编目（CIP）数据

故宫概览 / 王佳桓编著. — 北京：北京出版社，2018.3
（京华通览 / 段柄仁主编）
ISBN 978-7-200-13861-0

Ⅰ.①故… Ⅱ.①王… Ⅲ.①故宫—介绍—北京 Ⅳ.①K928.74

中国版本图书馆CIP数据核字（2018）第017624号

出版人	曲 仲
策 划	安 东 于 虹
项目统筹	董拯民 孙 菁
责任编辑	李更鑫 高 希
封面设计	田 晗
版式设计	云伊若水
责任印制	燕雨萌

《京华通览》丛书在出版过程中，使用了部分出版物及网站的图片资料，在此谨向有关资料的提供者致以衷心的感谢。因部分图片的作者难以联系，敬请本丛书所用图片的版权所有者与北京出版集团公司联系。

故宫概览
GUGONG GAILAN
王佳桓 编著

北京出版集团公司
北京出版社　出版
*
（北京北三环中路6号）
邮政编码：100120

网　址：www.bph.com.cn
北京出版集团公司总发行
新 华 书 店 经 销
天津画中画印刷有限公司印刷
*
880毫米×1230毫米　32开本　8印张　165千字
2018年3月第1版　2022年11月第3次印刷
ISBN 978-7-200-13861-0
定价：45.00元

如有印装质量问题，由本社负责调换
质量监督电话：010-58572393

《京华通览》编纂委员会

主　任　段柄仁
副主任　陈　玲　曲　仲
成　员　(按姓氏笔画排序)
　　　　于　虹　王来水　安　东　运子微
　　　　杨良志　张恒彬　周　浩　侯宏兴
主　编　段柄仁
副主编　谭烈飞

《京华通览》编辑部

主　任　安　东
副主任　于　虹　董拯民
成　员　(按姓氏笔画排序)
　　　　王　岩　白　珍　孙　菁　李更鑫
　　　　潘惠楼

序

PREFACE

擦亮北京"金名片"

段柄仁

北京是中华民族的一张"金名片"。"金"在何处？可以用四句话描述：历史悠久、山河壮美、文化璀璨、地位独特。

展开一点说，这个区域在 70 万年前就有远古人类生存聚集，是一处人类发祥之地。据考古发掘，在房山区周口店一带，出土远古居民的头盖骨，被定名为"北京人"。这个区域也是人类都市文明发育较早，影响广泛深远之地。据历史记载，早在 3000 年前，就形成了燕、蓟两个方国之都，之后又多次作为诸侯国都、割据势力之都；元代作为全国政治中心,修筑了雄伟壮丽、举世瞩目的元大都;明代以此为基础进行了改造重建,形成了今天北京城的大格局;清代仍以此为首都。北京作为大都会,其文明引领全国,影响世界,被国外专家称为"世界奇观""在地球表面上,人类最伟大的个体工程"。

北京人文的久远历史,生生不息的发展,与其山河壮美、宜生宜长的自然环境紧密相连。她坐落在华北大平原北缘,"左环沧海,右拥太行,南襟河济,北枕居庸""龙蟠虎踞,形势雄伟,南控江淮,北连朔漠",是我国三大地理单元——华北大平原、东北大平原、内蒙古高原的交会之处,是南北通衢的纽带,东西连接的龙头,东北亚环渤海地区的中心。这块得天独厚的地域,不仅极具区位优势,而且环境宜人,气候温和,四季分明。在高山峻岭之下,有广阔的丘陵、缓坡和平川沃土,永定河、潮白河、拒马河、温榆河和蓟运河五大水系纵横交错,如血脉遍布大地,使其顺理成章地成为人类祖居、中华帝都、中华人民共和国首都。

这块风水宝地和久远的人文历史,催生并积聚了令人垂羡的灿烂文化。文物古迹星罗棋布,不少是人类文明的顶尖之作,已有1000余项被确定为文物保护单位。周口店遗址、明清皇宫、八达岭长城、天坛、颐和园、明清帝王陵和大运河被列入世界文化遗产名录,60余项被列为全国重点文物保护单位,220余项被列为市级文物保护单位,40片历史文化街区,加上环绕城市核心区的大运河文化带、长城文化带、西山永定河文化带和诸多的历史建筑、名镇名村、非物质文化遗产,以及数万种留存至今的历史典籍、志鉴档册、文物文化资料,《红楼梦》、"京剧"等文学艺术明珠,早已成为传承历史文明、启迪人们智慧、滋养人们心灵的瑰宝。

中华人民共和国成立后,北京发生了深刻的变化。作为国家首都的独特地位,使这座古老的城市,成为全国现代化建设的领头雁。新的《北京城市总体规划(2016年—2035年)》的制定和中共中央、国务院的批复,确定了北京是全国政治中心、文化中心、国际交往中心、科技创新中心的性质和建设国际一流的和谐宜居之都的目标,大大增加了这块"金名片"的含金量。

伴随国际局势的深刻变化,世界经济重心已逐步向亚太地区转移,而亚太地区发展最快的是东北亚的环渤海地区、这块地区的京津冀地区,而北京正是这个地区的核心,建设以北京为核心的世界级城市群,已被列入实现"两个一百年"奋斗目标、中国梦的国家战略。这就又把北京推向了中国特色社会主义新时代谱写现代化新征程壮丽篇章的引领示范地位,也预示了这块热土必将更加辉煌的前景。

北京这张"金名片",如何精心保护,细心擦拭,全面展示其风貌,尽力挖掘其能量,使之永续发展,永放光彩并更加明亮?这是摆在北京人面前的一项历史性使命,一项应自觉承担且不可替代的职责,需要做整体性、多方面的努力。但保护、擦拭、展示、挖掘的前提是对它的全面认识,只有认识,才会珍惜,才能热爱,才可能尽心尽力、尽职尽责,创造性完成这项释能放光的事业。而解决认识问题,必须做大量的基础文化建设和知识普及工作。近些年北京市有关部门在这方面做了大量工作,先后出版了《北京通史》(10卷本)、《北京百科全书》(20卷本),各类志书近900种,以及多种年鉴、专著和资料汇编,等等,为擦亮北京这张"金名片"做了可贵的基础性贡献。但是这些著述,大多是服务于专业单位、党政领导部门和教学科研人员。如何使其承载的知识进一步普及化、大众化，出版面向更大范围的群众的读物，是当前急需弥补的弱项。为此我们启动了《京华通览》系列丛书的编写，采取简约、通俗、方便阅读的方法，从有关北京历史文化的大量书籍资料中，特别是卷帙浩繁的地方志书中，精选当前广大群众需要的知识，尽可能满足北京人以及关注北京的国内外朋友进一步了解北京的历史与现状、性质与功能、特点与亮点的需求，以达到"知北京、爱北京，合力共建美好北京"的目的。

这套丛书的内容紧紧围绕北京是全国的政治、文化、国际交往和科技创新四个中心，涵盖北京的自然环境、经济、政治、文化、社会等各方面的知识，但重点是北京的深厚灿烂的文化。突出安排了"历史文化名城""西山永定河文化带""大运河文化带""长城文化带"四个系列内容。资料大部分是取自新编北京志并进行压缩、修订、补充、改编。也有从已出版的北京历史文化读物中优选改编和针对一些重要内容弥补缺失而专门组织的创作。作品的作者大多是在北京志书编纂中捉刀实干的骨干人物和在北京史志领域著述颇丰的知名专家。尹钧科、谭烈飞、吴文涛、张宝章、郗志群、姚安、马建农、王之鸿等，都有作品奉献。从这个意义上说，这套丛书中，不少作品也可称"大家小书"。

总之，擦亮北京"金名片"，就是使蕴藏于文明古都丰富多彩的优秀历史文化活起来，充满时代精神和首都特色的社会主义创新文化强起来，进一步展现其真善美，释放其精气神，提高其含金量。

2017 年 11 月

目录

CONTENTS

概 述 / 1

明清紫禁城

中轴线上的建筑 / 16

从中华门说起 / 16

天安门 / 17

端门 / 20

禁城四门 / 20

太和门 / 30

太和殿 / 35

中和殿 / 41

保和殿 / 43

乾清门 / 48

乾清宫 / 52

交泰殿 / 63

坤宁宫 / 66

坤宁门 / 70

御花园 / 71

神武门 / 82

东西两翼建筑群 / 87

文华殿区 / 87

武英殿区 / 102

东六宫区 / 114

东六宫之前区 / 127

西六宫区 / 132

重华宫区 / 141

养心殿区 / 145

建福宫区 / 152

慈宁宫区 / 161

雨花阁区 / 180

宁寿宫前区 / 188

宁寿宫后区 / 194

十三排 / 216

故宫博物院 | **古物陈列所 / 218**

创办 / 218

古物整理、建设 / 220

　　印行《西清续鉴乙编》/ 224

　　接管释藏经版 / 224

　　接收福开森之古物 / 225

　　创办附设国画研究馆 / 226

　　古物查点造册 / 226

　　并入故宫博物院 / 227

故宫建为博物院 / 228

　　溥仪被逐出宫 / 228

　　成立善后会 / 232

　　成立建院筹备会 / 238

　　开院典礼 / 239

后　记 / 243

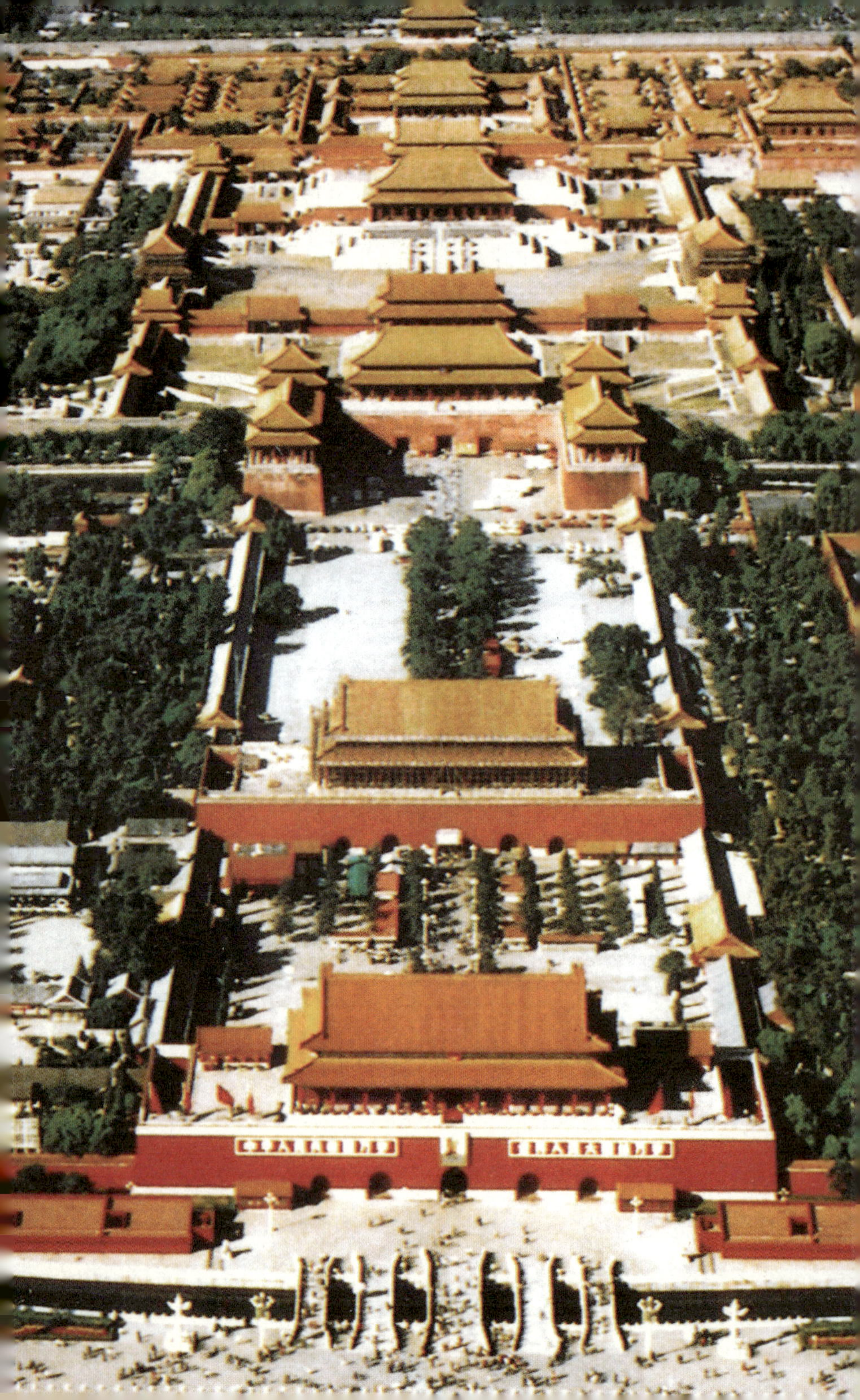

概　述

　　故宫是明清两个帝制王朝的皇宫，位于北京市城区的正中心，是 15 世纪初叶在元朝大都宫殿基址上建造起来的，为世界上现存规模最大、保存最完整的木结构古建筑群。明清两朝共有 24 位皇帝在此登极称帝，发号施令，这里成为国家最高统治机关所在地。辛亥革命后，清朝覆亡，1914 年，官方在故宫前朝部分，成立以宫廷文物为主体的古物陈列所向社会开放。1924 年溥仪出宫后，又于翌年在内廷部分建立起同一性质的国立故宫博物院，1948 年合并为统一的故宫博物院。中华人民共和国成立后，于 1961 年定为国家级重点文物保护单位。1987 年又被联合国教科文组织列入《世界遗产名录》。

　　北京故宫，作为一项文化遗产来说，确切的名称应是"明清故宫"，因为历史上每一个帝制王朝覆亡后，所遗留的宫殿均可称故宫。故宫这个词最晚在唐诗中已经出现了。北京地区，由于地理、气候条件优越，考古发掘证明，早在70万至20万年前，已存在中国猿人（又称"北京人"）生活的遗迹，距今3 000余年前已出现城市。以后，曾迭次成为方国的都城。其中时间距离最近、文献记载明确，又有实物可征的，是938年至1911年间的辽、金、元、明、清5个王朝的都城。这些王朝中，辽金都城在现在北京城区的西南部，元朝的都城则大体与明清都城重合，只是遗迹已不完整，只有明清故宫文物建筑遗迹尚大量地、大体完整地存在着。

明清故宫作为国际社会承认的世界文化遗产，是指明清宫城——紫禁城以内的72万平方米地面上的一切，而实际完整的明清故宫文化遗产，则不止这个范围。在禁城以内，有处理朝端大政及举行大典的殿堂；有为朝政服务机构的官署；有供皇帝、皇族及为他们直接服务人群居住和活动的处所；有皇帝、皇族进行文化活动的书房、戏台、花园、坛庙、佛堂、道场；有宫中日常使用的各种什物的制造场地等等。这些物质条件，在紫禁城内固已有所具备，但很多与这些事物相连的设施，又不得不设在紫禁城外不远的地方。按照百姓不能出入的地方为界，至少应该从明清两朝统一的皇城以内算起。即：南端自皇城的前门——大明门（清称大清门）始，沿东西千步廊的后墙向北延伸，至东西长安街的南侧，微向东西折，再北折连接承天门前的长安左右门，直抵承天门（清称天安门）左右的皇城城墙，东西折至皇城的西南及东南角向北延伸，东墙经过皇城的东安门外，至皇城的东北角，西折至皇城的北门——北安门（清称地安门）；西线向北又西折到皇城的第二个西南角，再北折，经过西安门至皇城的西北角，东折至皇城的北门北安门。南面正中突出呈现一条狭长的御街。初建时因躲开原有寺院形成的缺西南角一块，呈南北略长的不规则矩形。紫禁城外、皇城以内的地域，虽未划定为明清故宫遗产范围，但仍保存有与明清故宫有直接关系的很多遗迹。是明清故宫文化整体的一部分。如明初建的承天门、端门，是按《周礼》营建王城的设计思想中，经汉儒阐释为"五门""三朝"的载体。五门，汉儒的解释是皋门、库门、雉门、应门、路门，与今存的天安门、端门、午门、太和门、乾清门相对应。三朝，《周礼》注释为治朝在路门外，燕朝在路寝之庭，外朝在库门外。又云"雉门为中门，雉门设两观"，雉门相当于明清设两观的午门。《周礼》所载另一个对宫廷全面安排的设计思想是"左祖右社，面朝后市"，在另一个章节里也谈到"掌建国之神位，右社稷，左宗庙"。这是古代宫廷遗产的完整概念，也是历代宫廷都以不同方式遵循的理念。现在明清的设置仍较完整地存在着，只是增加了不少改造的成分。在紫禁城外皇城以内，正中御道左方仍完整地保存明清太庙（今劳动人民文化宫），即明清皇帝祖宗的神庙，道右还存有较完整的社稷坛（今中山公园）。左方还有保存皇家档案的皇史宬，礼佛的普度寺。右方宫廷园苑内还有完美的"一山三海"，北面有明代堆砌的、登上可俯视全城的景山，以及道观大高玄殿等文化设施，它们至今还存留着昔日的灿烂。

据记载，北京故宫开始筹建于明永乐四年（1406），但早在明开国皇帝朱元璋建国之前，即曾考虑过："北平建都可控制胡虏，比南京如何？"当时翰林修撰鲍频认为："胡主起自沙漠，立国在燕已是百年，地气已尽。南京兴王之地。不必改图。"乃定都南京。但朱元璋迁都之念，一直未消。只因"年老，精力已倦；天下新定，不欲劳民"。又加派出选择新址的太子死亡，故迁都之事未能实行。其第四子燕王朱棣经靖难之役取得皇位之后，于永乐元年（1403）正月由于政治、军事的需要，考虑北平为承运兴旺之地应"立为京都"，遂命北平改称北京，并下令：罪囚均发北京屯种；直隶、苏州、浙江等富民充实北京；同时令疏通运河、卫河河道。到永乐四年（1406）闰七月，以淇国公丘福等乞请，决定建北京宫殿，并修北京城垣。即派工部尚书宋礼等赴四川、湖广、江西、浙江、山西等省深山采木；命太宁侯陈珪等督军民匠烧造砖瓦；命工部征天下各行匠作；在京诸卫及河南、山东、陕西、山西都司，中都留守司，直隶各卫选军士；河南、山东、陕西、山西等布政司，直隶、凤阳、淮安、扬州、庐州、安庆、徐州、和州选民丁；于次年五月俱赴北京听役，半年更代，每人月给米5斗。这些人，平时负担的其他差役及闸办银课等项一律停止。

经10年筹办之后，鉴于兴建宫殿各方面条件已经成熟，到永乐十四年（1416）十一月，又诏群臣共议营建北京，决定择日兴工。次年二月命太宁侯陈珪掌理营建工程，安远侯柳升、成山侯王通副之。并命礼部铸印，文曰"缮工之印"，级别相当于军事都督府，正一品。下设办事机构为经历司，置经历1人，都事4人。

这一阶段工程，自永乐十五年（1417）六月兴工算起，经3

年半的施工到永乐十八年（1420）底宫殿及北京城垣完成。凡太庙、社稷坛、天地坛（当时天地合祭），宫殿门阙，规制均如南京。而"高敞壮丽过之"。又于皇城东南建皇太孙宫，东安门外东南建十王邸。"通为屋八千三百五十楹"。于是"升营缮清吏司郎中蔡信为工部右侍郎，营缮司所副吴福庆等七员为所正，所丞杨青等六员为所副，以木瓦匠金珩等二十三人为所丞。赐督工文武官员及军民夫匠钞、胡椒、苏木各有差"。

在永乐十八年（1420）九月，因"北京宫殿将成"，决定次年正月初一日御新殿受朝。并命行在礼部，"自明年正月初一日始，正北京为京师，不称行在，各衙门印有行在字者，悉送印绶监，令预遣人取南京各衙门印，给（北）京各衙门用；南京衙门皆加南京二字，别铸印遣人赍给"。

永乐十九年（1421）正月初一日，北京宫殿启用。紫禁城内一片辉煌。朱棣自洪武十三年（1380）之国北平，多次率师北征，以及靖难之役，一直以北平为基地。至此，永乐帝为稳定北部边疆、巩固明朝江山创建了一个理想的都城。为此名重当时的文渊阁大学士金幼孜、杨荣等皆作赋称颂，金赋中称："萃四海之良材，伐南山之钜石"，"以相以度，以构宫室。栋宇崇崇，檐楹秩秩。""超凌氛埃，壮观宇宙。规模恢廓，次第毕就。奉天屹乎其前，谨身俨乎其后。惟华盖之在中，竦摩空之伟构。文华翼其在左，武英峙其在右。乾清并耀于坤宁，大善齐辉于仁寿。""左祖右社，蔚乎穹窿；有坛有壝，有寝有宫。"元旦这天，"圣皇临御，大朝群臣，内外文武，济济彬彬"。"大一统而无外，蔼至和于八垠。"

朱棣于是日早晨亲谒太庙奉安五庙太皇神主，命皇太子等谒各坛奉安神主。然后御奉天殿受朝贺，大宴文武群臣及四夷朝使，并大赦天下，"同乐太平之世"。

不期于3个月又7天以后，即四月初八日，奉天、华盖、谨身三殿遭雷火被焚。

此后由于10多年的新建工程人力、物力、财力消耗很大，北部边患频仍，永乐二十年（1422）和二十一年、二十二年朱棣连续亲征，最后死于途中，故永乐年间未遑修复。洪熙帝在位时间甚短，特别是洪熙帝即位7个多月即决定还都南京，并已下令诸中央机构，在北京的"悉加行在二字"，如永乐迁都前状况，当然无意整修北京宫殿。宣德年间的朝政，大体皆延洪熙帝的遗绪，并自元年始，曾两次罢采木之举，罢采买营造诸事。正统帝9岁即位，由张太后及四朝旧臣杨士奇、杨荣、杨溥主政，朝政尚属清明，并无南还意向。正统元年（1436）十月，朝廷命初建北京宫殿的参与者少保兼工部尚书吴中、都督同知沈清、太监阮安，率军夫数万人修建京师九门城楼。因为明初北京城墙大多以元代旧城为基础，仅略加修葺，月城楼铺之制多未备。到正统五年（1440）二月，又下令"以营建宫殿，发各监局有轮班匠三万余人，操军三万六千人供役"。命已升为左都督的沈清、少保兼工部尚书吴中提督"官军匠作人等建宫殿"。至次年九月，三殿（奉天殿、华盖殿、谨身殿）二宫（乾清宫、坤宁宫）完成。

之后过不数年，三杨先后老、死，少年天子无知，太监王振擅权，奸佞小人趋炎附势，正直大臣不得伸展，以致皇帝受王振蛊惑亲征而陷入虏营。随着明王朝日渐败落，宫廷内部矛盾深重，南倭北虏之患和各地农民战争不断发生。到嘉靖年间，这片遗产中小灾不断，甚至历史上从未有过的宫女缢杀皇帝将死的案件也发生了。嘉靖三十六年（1557）四月十三日申刻，雷雨大作，戌刻火光骤起，由奉天殿延烧华盖、谨身二殿，文武二楼，左顺、右顺二门，午门及午门外左右廊房尽毁。经重建，至嘉靖四十一年（1562）三殿等完工，遂更名奉天殿曰皇极殿，华盖殿曰中极殿，谨身殿曰建极殿，文楼曰文昭阁，武楼曰武成阁。奉天门初改名曰大朝门，又改为皇极门，并改左顺门曰会极门，右顺门曰归极门，东角门曰弘政门，西角门曰宣治门。史称嘉靖年间是"土木岁兴"之年，但所兴的土木工程，大多在陵寝、坛庙、道观方面，对紫禁城内的修建，主要是重建、改建工程，创建、新建甚少。据《明世宗实录》记载，世宗在位45年多，共动各种土木工程204项，其中紫禁城内的工程大小合计只有23项，占总数的11%。这些工程中，较大的新建工程，只有崇先殿、太皇太后宫、太后宫、慈宁宫和养心殿5项，其余181项均在紫禁城外皇城以内、京城四郊、留都南京及承天府等地，武当山大道观尚未包括在内。嘉靖时期对紫禁城内的建设则较少贡献。

到万历二十五年（1597）六月，上年三月延烧之乾清、坤宁二宫及交泰殿修复工程尚未完工，又火起归极门，延烧至皇极、中极、建极等殿，文昭、武成二阁及周围庑房。又搁置了28年，至天启五年（1625）始动工修建，天启七年（1627）八月重建完成。

崇祯十七年（1644）三月十八日，李自成农民军占领明宫，由于在山海关抵抗不住清军的进攻退回北京，四月二十九日，仓皇称帝于武英殿后，随即焚毁宫殿撤出北京。然其焚毁的程度、范围，各文献均记载不详。所见10余种史籍中，记述此事最详又较为可信的《国榷》一书中记载，"崇祯十七年四月三十日昧爽，李自成出齐化门（当为阜成门之误）西走，刘宗敏、李友等次之，以骑兵殿后。先运薪木积于内殿，纵火发炮，击毁诸宫殿，通夕火光烛天。须臾，九门雉楼皆火发，城外草场并燃，与宫中火光相映，太庙、武英殿门仅存。"《明季北略》所记略同，亦无具体范围。从所见有关史料中看，当时皇极殿、文昭阁已焚毁。因为《清实录》明确记载，顺治元年（1644）九月，顺治帝自关外入宫时，先在武英殿升座，十月初十日皇帝即位、受朝、颁诏等大典皆在皇极门举行。之后，加封济尔哈朗为信义辅政叔王，加封尼堪为贝勒，亦在皇极门宣示。十一月祭天礼成还宫受贺及阅视上福陵、昭陵的册、宝，则在武英殿。顺治二年（1645）元旦，帝诣堂子行礼后还宫受贺，则是在"皇极殿旧址（所）张御幄"内。三月公主下嫁赐宴、朝鲜国王次子归国陛辞又在武英殿。直到顺治二年五月，皇极、中极、建极三殿改名为太和殿、中和殿、位育宫后才开始对此三殿进行修建。顺治三年（1646）元旦，太和殿先修完，帝御此殿受贺赐宴。是年十月三十日修建太和、中和等殿，体仁等阁（即文昭等阁），太和等门正式完工，十一月二十二日位育宫成，顺治帝正式迁入位育宫居住，并御太和殿受贺赐宴。以后至康熙初年大朝会、典礼及赐宴等均在太和殿举行。

康熙八年（1669）正月，康熙帝大婚3年有余，亲政亦1年半，一直住在由保和殿更名的清宁宫。太皇太后认为"以殿为宫，于心不安"，命将乾清宫、交泰殿加以修理，移居此处。过10余日，太和殿亦因"建造年久，颇有损漏"，亦命兴工修理，康熙帝从清宁宫移居于武英殿。当年十一月，再修理太和殿、乾清宫工程一并完成（可见这是一次小修），于是月二十四日即御太和殿接受王以下文武各官庆贺，同日康熙帝亦由武英殿移居乾清宫，并开始在乾清门每日举行御门听政。

10年后，太和殿因不戒于火，又遭焚毁。康熙三十四年（1695）二月开始重建，三十六年（1697）七月完成。雍正年间，紫禁城内未动大工。到乾隆年间，清朝政局稳定，社会经济有所发展，乾隆帝弘历在位60年间，是清朝盛世的高峰，也是紫禁城宫殿建设的高潮。仅紫禁城内就记载有55项，其中新建工程重要者计有：寿康宫、雨花阁、重华宫、建福宫、建福宫花园、宁寿宫、宁寿宫花园等，工程量都很大。乾隆初年所建建福宫花园，面积4 000多平方米，内有景点18处。乾隆后期，为给自己做太上皇使用而修建的宁寿宫一区包括有皇极殿、宁寿宫、养性殿、乐寿堂、颐和轩、景祺阁等6座中路建筑，是一个缩小的前朝与内廷，后部拟内廷部分。中路外又有东路西路。东路有具备3层台面的大戏楼，楼后有书房和三进排房，最后为景福宫及佛日楼、梵华楼两座佛楼。西路是一个幽深的宁寿宫花园，前后是4个以山景为主相通连的景区，占地6 500平方米，间以轩、亭、楼、阁等各式建筑，共有景点20余处，是一处宫殿环抱、别有洞天的"仙境"。据档案记载，这一项工程，修建殿宇、楼台、房座共计1 183间，除官办松木等价银外，耗银127万余两。新建宫殿间数占明初所建宫殿数七分之一还多。其造园艺术，修建技术均达到帝制社会的最高峰。

明清北京宫殿所用的建筑材料，主要品种是木材。明代使用的楠、杉大木，多采自四川、湖广（相当于今之湖南、湖北）、江西、浙江等省，后楠木资源渐趋匮乏，到嘉靖年间，已采取"以杉代楠"的做法，其材长足而围不足者，则用中心一根，外凑八瓣共成一柱；明梁或三凑、四凑为一根等措施。清康熙年间，遣官赴四川采木时，因砍伐、运输甚为艰难，康熙帝乃命改用塞外松木为梁、柱。明清宫殿所用大量好的澄浆砖、城砖，主要来自山东临清，重要殿堂铺地之金砖产自苏州，一般建筑用的灰砖瓦，烧造于北京附近。宫殿屋顶使用的黄、绿、蓝、白等玻璃砖瓦，明代烧制于北京宣武门外琉璃厂，黑琉璃瓦则烧造于陶然亭迤北一带，清代移厂于今门头沟区琉璃渠。石料，也是明清宫廷用料的大宗，其中俗称汉白玉的白大理石及青白石、艾叶青等多采于房山区的大石窝、门头沟区的青白口，青砂石采于顺义区的牛栏山和门头沟区的马鞍山，花岗石则采于山西省的曲阳县。石灰产于房山区的周口店、磁家务，顺义区的牛栏山和怀柔区的山中。

作为文化遗产的明清故宫，还有另一方面的遗产，就是大量的可移动性传世文物。历史上自宫廷有私有财产时起，就已经注意到收藏，先是陶器、甲骨文书，各种实用物品，后是各种青铜器、玉器，一些重器还刻有"子子孙孙永宝用"之类的文字。从出土各种随葬品看，他们的收藏欲十分旺盛。从收藏各种礼器重器发展到对各种艺术品、工艺品的收藏。明清宫廷和以往一样，继承着收藏、制造、征集各种艺术品、工艺品的传统，尤其是清代宫廷，除接管了明宫遗留的劫余文物外，其地方官员从民间巧取豪夺，再通过行贿、馈赠等进入高级官员手中，高官们为改善自己地位讨好皇帝，借节庆机会以进贡方式将宝物献入宫廷，有些宝物则是宫廷以罚没方式收入皇家大库。同时，宫廷更以其最高权势征集天下名师、哲匠、良材到宫中，设立专门机构，不惜工本制作各种艺术精品，制造各种精湛绝伦的工艺制品。由于宝物收藏之多，虽经两次国际强盗抢夺、肆意焚掠践踏，而劫后存留的仍然数量可观。

清宫在紫禁城内廷部分所遗留的文物，据1924年清室善后委员会编制的《点查报告》所载，共117万余件。抗日战争前夕，为南迁西避，共选出各类文物、图书、档案13 491箱又64包，件数未详。另有外朝的古物陈列所文物5 414箱同时南避。抗日战争胜利后，文物返还至南京。解放战争后期，国民政府指使从故宫博物院1万多箱中选出2 972箱，从古物陈列所文物中选出852箱，运往台湾。其他南迁文物除有2 211箱暂存于南京朝天宫库房外，其余还于故宫博物院。

然而这还不是清宫遗留的全部，因为清室善后委员会成立于1924年，此前，按当时中华民国所定《优待条件》，"大清皇帝退位之后，暂居宫禁"，此《点查报告》的范围只限"宫禁"——即故宫内廷溥仪当时暂居的部分所存文物的点查；其前朝部分已由中华民国政府接管，并于1914年建为古物陈列所。中华民国政府接管当时有无点查报告，尚未见到。如查到后加在一起方为清朝覆亡后紫禁城内所遗留、除流失之外的全部文物。

这些可移动文物是无法用货币衡量其价值的。在中华民国时期，先后由皇家独有变为广大民众可以目睹的瑰宝。在紫禁城旧址中成立了两个博物馆：一个是1914年以外朝为馆址的古物陈列所；另一个是1925年，溥仪出宫后以内廷为馆址的故宫博物院。最后于1930年10月由国民党中央执行委员会政治会议委员、故宫博物院院长易培基提议后由行政院决定："将中华门以内至保和殿所有外廷范围，过去由内政部保管的，由故宫博物院接收，统一管理。"后因日军"九一八"侵华事件发生而搁浅，直至抗日战争胜利后的1948年3月方正式并入故宫博物院。

抗日战争胜利后，故宫博物院首先接收了日伪政权从故宫劫走的一批铜器，溥仪在天津遗留的宫中文物，陈汉第移交的原宫藏汉印，原清宗人府余存的档案，德国侨商在中国收购的铜器、兵器，接收了郭葆昌家属捐赠的瓷器。同时还收购了原清宫流散在外的古籍、书画、奏折等，共3 393件。

中华人民共和国成立后，故宫博物院除完整地保存了其原来藏品以外，还通过积极收购、接受私人捐赠、政府拨交等渠道，扩大了文物收藏，到2016年，藏品共计1 862 690件套。其中珍贵文物1 683 336件套，占全国博物馆珍贵文物的41.98%。

更具有重要价值的，还有在这些不可移动文物和可移动文物背后，特别是那些古籍图书中所蕴涵着丰富的非物质文化遗产。从这些有形的遗产中，可以读到确切的中华民族悠久而辉煌的历史：生产力发展史、科技发展史，以及文化艺术发展的历史。这些更是无法用货币以及任何度量衡器来评估和计数的。如今幸运的是，这些宝贵的遗产，历经近代漫长的外侮内患、多灾多难的时刻，通过那些热爱中华民族文化、文物的卫士、学者以不同方式进行不懈的努力，甚至冒着生命危险而保存下来，进入今天的盛世，被定为国家级保护的财富，并被列入世界文化遗产，我们当永志不忘，世世宝用。

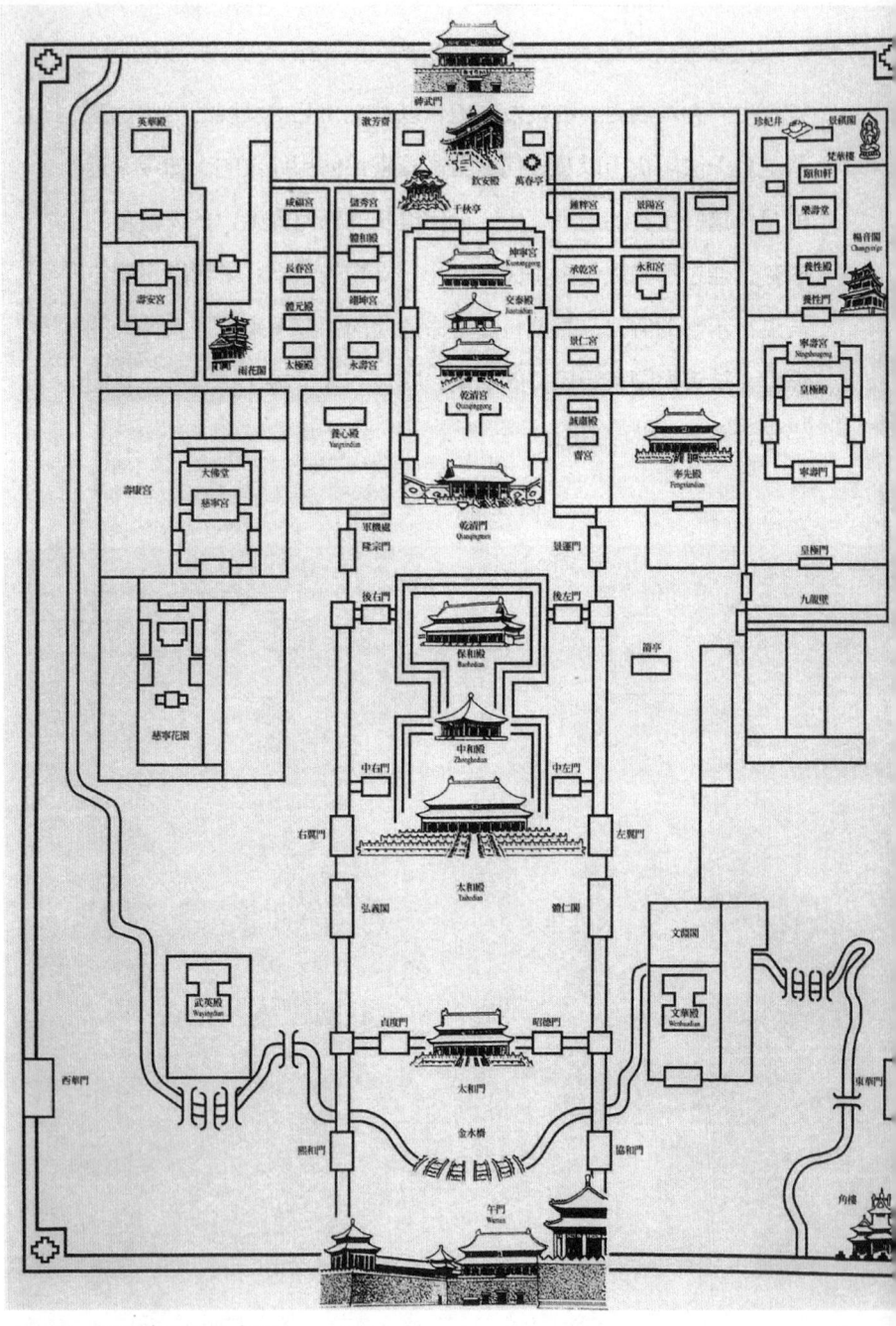

故宫总平面示意图

明清紫禁城

紫禁城占地72万余平方米,建筑面积约16万平方米。城垣四隅建有重檐多脊、四面显山的角楼,周围绕以52米宽的护城河。城内建筑分为外朝和内廷两大部分:外朝为紫禁城宫殿重心之所在,建筑高大,空间开敞,以太和、中和、保和前三殿为中心,文华、武英殿为两翼。外朝为朝仪重地,明清两代重大朝会典礼均于此举行。内廷用于日常起居。除朝寝殿宇外,还有辅佐皇帝理政的官署、祭祀所用的佛堂道场,以及用于娱乐休闲的戏台和园林。

中轴线上的建筑

从中华门说起

中华门位于天安门与正阳门之间，建成于明永乐十八年（1420）。明代称大明门，清顺治元年（1644）改名大清门，民国元年（1912）改称中华门。1958年因天安门广场改建予以拆

城市中轴线（1994年）

除。中华门为砖石结构，单檐歇山顶，覆黄色琉璃瓦，开3座券洞门，门常闭而不开，唯遇有大典或皇帝出巡时启门出入。门前左右有石狮、下马石碑各一。门内东西两侧皆为连檐通脊的朝房，称千步廊。凡吏、兵二部月选官掣签，礼部乡、会试磨勘，刑部秋审，俱于此进行。明正德十六年（1521），明武宗去世，武宗无子，由兴献王之子朱厚熜继位，即明世宗嘉靖皇帝，自湖北安陆（今钟祥市）兴献王封地入继大统。朝臣原拟经皇城东门东安门进紫禁城，但年仅15岁的朱厚熜却断然拒绝，最终由大明门进入，经承天门、端门、午门、奉天门，到奉天殿（今太和殿）登极。后来为迎嘉靖帝生母兴献王妃进京，又在进哪座门的问题上发生争执。礼部官员拟由东安门进入，后又改由大明门的东门洞，嘉靖帝坚决反对，最后定为由大明门中门进入，享受最高礼遇以示名正言顺。

天安门

天安门位于中华门以北，为皇城之正门。建于明永乐十八年（1420），名承天之门，简称承天门。天顺元年（1457）遭火焚毁，成化元年（1465）重建。清顺治八年（1651）重修后改称天安门。

天安门由城台和城楼两部分组成，通高34.7米。城台辟有5门，内侧两端设马道以通上下。城楼面阔9间，进深5间，重檐歇山顶，覆黄色琉璃瓦。金水河自西而东从天安门前流过，上架汉白玉石桥7座。石桥南北两侧各设石狮一对，桥南设华表一对，天安门内亦设华表一对。

天安门在明清两代,是皇帝祭祀、出征、出巡等重要活动进出皇城的必经之门,也是国家庆典颁布皇帝诏书的场所。颁诏当天,在天安门城楼东起第一间设宣诏台,台上设黄案,奉诏官、宣诏官在此恭候。所颁诏书在紫禁城太和殿钤上皇帝御玺后,按规定仪式放到午门外的龙亭内,以鼓乐仪仗为前导,抬到天安门城楼上,再将诏书放于宣诏台黄案之上。文武百官及耆老于金水桥南等候。宣诏官登台面西而立,宣读诏书后,由奉诏官将诏书卷起衔在"金凤"口中(明代则系于龙杆),用彩绳从天安门城台正中徐徐放下。礼部官员手捧"朵云"承接,放入龙亭送至礼部,然后抄写分送各地,颁告全国。

1900年,天安门曾遭八国联合侵略军炮击,打坏天安门屋

金凤颁诏

天安门

脊和华表，千步廊也被付之一炬。作为历史见证，天安门前发生过1919年的五四运动、1926年的"三一八"惨案、1935年的"一二·九"运动。1949年10月1日，中华人民共和国开国大典在此举行，天安门成为新中国的象征，同时也是此后举行盛大节日庆典的地方。1988年，天安门城楼向游人开放。

中华人民共和国成立后，曾对天安门进行过多次修缮，使其始终保持崭新的风貌。1966年邢台地震后，国务院和北京市领导决定翻建天安门。周恩来总理非常关心这项工程，亲自听取汇报，审阅图纸。工程进展顺利，一个星期内拆除了城楼，1969年12月下旬新城楼开始施工，不到100天全部竣工。1970年4月通过国家验收。新建城楼保持了原有形制，木构件进行了防腐、防虫、防火处理。考虑到自然下沉因素，对斗栱尺寸和屋顶举架略有调整，使天安门整体高度增加了87厘米。1984年，又对天安门进行全面修缮，并重新油饰彩画。1998年，对天安门进行了保养性修缮。

端门

端门位于天安门与午门之间,形制与天安门相同,城台与城楼通高34.37米。端门外两侧,东为太庙街门,西为社稷街门。端门内东庑中开有太庙右门,为进出太庙的通道。端门内西庑中开有社稷左门,为进出社稷坛的通道。端门内两庑为连檐通脊的长房,清代为六科公署及六部九卿朝房。两庑北端开有阙左门和阙右门,门外各有下马碑,为朝臣候朝之处。两门以北各有庑房3间,为王公候朝之所。1917年,端门至午门一带门庑被定为国立历史博物馆新馆址,并兴工修葺。端门城楼用作文物库房,贮存大件文物。1959年,中国历史博物馆新馆建成后,原有机构迁至新馆,端门仍保留为展览场地。

禁城四门

紫禁城四面各开一门,南为午门,北为神武门(明称玄武门),东为东华门,西为西华门。除午门形制比较特殊外,其他三门的形制基本相同。

午门

午门为明永乐年间建。位于紫禁城南北中轴线的南端,即紫禁城的正门。古代以北为子、南为午,又曰中为午,居中向阳,此门正当午位,因得其名。

午门城台平面呈"凹"字形,为古代宫门双阙之遗意,故又

午门

称午阙,由城台和城楼两部分组成,通高35.60米。城台又称墩台,高12米,正面开有3座门洞,左右两观下又开东西向的掖门洞各1座,形成"明三暗五"的布局。城台两端的内侧,各有3段转折的坡道以通上下往来,俗称为马道。

城台以上为城楼,由正楼、明廊、角亭、雁翅楼几部分组成。午门正楼面阔9间、60.05米。进深5间,25米,前后出廊。重檐庑殿顶,覆黄色琉璃瓦。正楼两侧明廊各3间,原置钟鼓各一,遇有大典,鸣钟击鼓,肃穆森严。由左右明廊折而南出,东西各有长庑13间,俗称雁翅楼。雁翅楼南北两端各建一座四角攒尖重檐顶的角亭。整组建筑高下错落、左右映带,势若朱鸟展翅,故又有"五凤楼"之称。

午门正楼为午门建筑的主体,梁架结构形式独特。上下檐的金柱并不相对，下层当中五开间到上层改为七开间。这种变通形式可以缩小檩枋等构件的跨度，减小各种承重构件的尺寸以节省材料。午门正楼与太和殿虽同属古建筑的高等级重檐庑殿顶九开间建置，但出廊有所不同。午门正楼前后檐出廊，两山不出廊。做法较简，等级也稍低。

午门楼宇的装饰，一如宫殿模式。丹楹朱户，黄色琉璃瓦，配以汉白玉栏杆。城台饰以土朱红，与楼阁互相映衬。楼宇的内外檐彩画，采用朱红衬地的"西番草三宝珠彩画"，与一般以青绿色为主的彩画做法有所不同。

午门前广场9 900余平方米，遇有典礼，在此陈设仪仗的一部分。午门前御道两侧，陈设日晷和嘉量，为我国古代国家制定的计时器和标准量器，具有象征皇权的作用。明代午门外左右廊房之前曾盖有松叶棚，为朝臣暂憩之所，清代悉行拆去。

午门建于明永乐十八年（1420），次年元旦正式启用，嘉靖年间遭火灾后重建。清朝入关后，于顺治二年（1645）重修。至乾嘉年间又屡有修饰，但建筑形制仍因明旧。

清王朝被推翻以后，1914年外朝部分辟为古物陈列所，曾对午门进行修缮保养。后古物陈列所并入故宫博物院，修缮工程由故宫博物院统一管理。

中华人民共和国成立后，故宫博物院加强对古建筑的修缮保护。除一般性的修缮保养以外，1962年又对午门正楼进行结构加固。在前期勘察中发现，午门正楼的绝大部分五架梁在瓜柱以下部位出现垂直断裂。后采用夹板式支撑桁架进行结构加固，最大限度地保存了原有建筑构件。1976年至1978年，又对午门进行了全面的维修并油饰彩画。

午门在明清两代为宫廷禁地，戒备森严，擅入者要严加治罪。午门城台的5座门洞各有用途。按清朝制度规定，中间的门洞主要是供皇帝出入的通道。此外，皇帝大婚时，皇后可以从中间门洞经过一次。再者就是殿试的前三名，即状元、榜眼、探花，在太和殿传胪（宣布考试名次）后，出宫时可以从此走一次，以示恩宠。文武大臣出入走东侧门洞，宗室王公走西侧门洞。左右掖门平时不开，凡有大朝会，百官按文东武西分别从两侧掖门出入。殿试文武进士，按名次单数走左掖门，双数走右掖门。皇帝亲祀坛庙出午门，午门楼上则鸣钟，祭太庙则击鼓，临太和殿御大朝会则钟鼓齐鸣。

明清两代，一些重要的典礼仪式在午门举行。每逢较大规模的战争取得胜利后，要在午门举行献俘仪式，皇帝亲御午门城楼，接受献俘礼。

清代规定每年十月朔日（初一），在午门举行颁发时宪书（历书）的仪式，称为颁朔礼。遇皇帝举行朝会或大祀，以及元旦（春节）、冬至、万寿、大婚等重大节日，还要在午门陈设卤簿仪仗。

民间俗语有"推出午门斩首"之说，可能根据戏剧及野史小说内容衍生而来。历史上并无此实例，只不过在明代曾将午门外用作廷杖的场所。廷杖是皇帝处罚大臣的一种刑罚，即在午门前广场进行杖责。有的人当场死于杖下。

在明代还曾有午门观灯之举，每年正月十五上元节，午门楼上张灯挂彩，午门外设鳌山灯。将千百盏彩灯堆叠成山，多至13层，形似鳌，称为鳌山灯。允许臣民观灯3天，以示皇帝与民同乐，共享太平盛世。

明清时期，一些重大历史事件与午门有关。明正统十四年（1449）七月，瓦剌部首领也先率兵四路入侵，宦官王振挟英宗朱祁镇亲征。八月，明军兵败于河北怀来土木堡，英宗被俘，王振被乱兵杀死，或云被护卫将军樊忠捶杀，史称"土木堡之变"。皇太后召集百官集于午门阙下，命英宗之弟郕王朱祁钰监国。郕王临午门，言官及大臣纷纷弹劾王振倾危宗社，应灭族。郕王从之，命锦衣卫指挥马顺执行。众官认为马顺为王振党羽，不可信。马顺则从旁叱喝百官退去。众官愤起击毙马顺，又击王振党羽二人，一时朝班大乱。此时兵部侍郎于谦挺身而出，请郕王支持众意，从而稳定了局面。郕王下令奖谕百官，又清除了王振余党，铲除了内患，从而为后来保卫北京之战的胜利和稳定政局奠定了基础。

明崇祯十七年（1644），李自成率农民军进攻北京。三月十七日，农民军包围京师，环攻九门。十八日晚，守城太监曹化淳开彰义门（今广安门）投降，起义军入城，直捣紫禁城。崇祯皇帝走投无路，自缢于万岁山（今景山）。三月十九日中午，李自成毡笠缥衣，乘乌驳马，由丞相牛金星、尚书宋企郊等跟随，经承天门（今天安门），自午门进入皇宫，从而宣告明王朝的覆灭。

有清一代，频繁用兵西北和西南，康、雍、乾三朝以至道光时期曾多次在午门举行献俘礼，彼时午门正楼设御座，檐下张黄盖，卤簿设于阙下，王公大臣、文武百官分班侍立，皇帝穿龙袍衮服乘舆出内宫。乘舆时午门鸣钟，至太和门时鸣金鼓、奏铙歌。皇帝御楼升座，兵部官员率将校引战俘下跪，兵部尚书奏：平定某地，所获俘囚等谨献阙下，请旨。皇帝降旨或将战俘交刑部，或恩赦释俘。战俘叩首谢恩，由将校引出，丹陛大乐作，王公百官行礼，皇帝乘舆还宫。

清光绪六年（1880），在午门还发生过一起护军殴打太监的事件。八月十二日清晨，慈禧太后命太监李三顺将赏赐给七福晋（慈禧的妹妹）的银两和物品送到醇王府。李三顺等行至午门，因没有门文，守门护军不予放行，双方发生争执以至护军将李三顺殴伤。此事因涉及慈禧太后，所以非同小可。光绪皇帝和慈安太后怕慈禧太后心怀不满，将守门护军治罪，并在量刑上屡屡加码。后陈宝琛上书光绪皇帝，力陈门禁法度从严之重要，获罪护军才得以从轻发落。

1911年10月，辛亥革命爆发，翌年清帝逊位。中华民国临时政府于1912年7月9日，在北京安定门内成贤街清代国子监旧址，成立了历史博物馆筹备处。1917年7月，由教育部提议将历史博物馆筹备处迁至天安门之内，以端门至午门的建筑为馆址，辟午门正楼及两雁翅楼为陈列室。1926年10月10日，北京国立历史博物馆正式成立，陈列室也同时正式对外开放。1930年10月25日，国民政府行政院指令，批准《完整故宫保管计划》，指示自中华门以内直至保和殿所有一切殿廷统由故宫博物院接收，合并内宫，一同保管。午门的正前方有端门、天安门和中华门，这种层门序列的布局不仅遵照了"五门三朝"的古代礼制，而且还增加了紫禁城肃穆深邃的气氛。

东华门　西华门

东华门与西华门东西相对，形制相同，位于靠近东西两侧城垣的南端位置。皇帝、皇太后、皇后死后，灵柩自东华门出。内阁等朝臣上朝，亦出入东华门。帝后出游西苑和西郊诸园多由西华门出入，武英殿修书处和内务府官员进宫也走西华门。东、西华门城楼，存放阅兵所用棉甲。皇帝万寿节（皇帝生日），如康熙帝60大寿自畅春园至西华门沿街布置点景，药栏花架，戏台楼阁，盛景非凡。乾隆皇帝生母60寿诞，乾隆帝80寿辰亦有相似措施。排场之巨前所未有。

在东华门，还发生过"夺门之变"。明正统十四年（1449），在太监王振的挟持下，英宗亲征蒙古被俘。其弟郕王朱祁钰即位，遥尊英宗为太上皇。次年英宗被放回京，入居南内（今普度寺一带）。景泰八年（1457）正月，朱祁钰病重，武清侯石亨联络都督张𫐄、太监曹吉祥、副都御史徐有贞等密谋策划英宗复位，并将计划密达英宗。正月十六日晚，石亨等取得英宗同意，立即展开行动。当夜，先派军士千余人潜入长安门，然后由徐有贞等至南宫迎出英宗。行至东华门，守门护军上前阻止，英宗大呼："吾太上皇也。"守门护军见带有众多士兵，不敢强行阻拦，只好放进城去。进城之后，直奔奉天门（今太和门），到奉天殿（今太和殿）升座。其时百官已在朝房等候早朝，闻南城呼声震地，不免大惊失色。过了片刻又闻鸣钟击鼓之声，全都不知所措。徐有贞向众人呼道："上皇复辟矣。"百官震惊，英宗宣谕后，众人始安定，遂就班祝贺。此次利用武力强行进入东华门发生的宫廷政变，在历史上被称为"夺门之变"。

清嘉庆十八年（1813），天理教首领林清在北京起事，以里应外合方式，密令内监接应，分别由东华门和西华门混入紫禁城，成为一次震惊清廷的事件。九月十五日中午，陈爽、陈文魁等人率军突入禁城。进入东华门的一支，由陈爽带领，太监刘得财内应，由于进门时有卖煤者争道，有人暴露了兵器，门卫速闭城门，仅陈爽等十数人闯进，余则被迫分散隐蔽。陈爽等人在太监刘得财、刘金的带领下向前行进，署护军统领杨述曾闻讯率护军赶来，双方在协和门外展开搏斗，天理教众作战勇猛，突破围攻，直冲至内廷苍震门一带。进入西华门的一支五六十人，由太监杨进忠与其徒高广福带领，顺利进入西华门，然后关闭城门以拒官军。队伍进城后向养心殿进发，在隆宗门一带与官兵展开激战。这时镇国公奕灏带领火器营千余人赶到，庄亲王绵课也率百数十人赶来，由于力量悬殊，天理教众向南撤退。此时天色渐暗，官兵不敢贸然搜捕，于是严守四门、加强警戒。天亮以后，官兵开始搜捕，又经过一番血战，天理教众终因人少力单、寡不敌众、起事归于失败。此事震惊朝野，嘉庆帝还特下《罪己诏》以示反省。

神武门（见82页）

紫禁城平面呈长方形，南北长约960米，东西宽约760米。城垣高约10米，墙脚厚8.62米，顶部厚6.66米。墙身两侧包砖，采用细砖干摆、磨砖对缝做法，坚实平整而不易攀爬，内里则用素土层层夯实。

城垣四隅，建有重檐多脊、四面显山的角楼。楼高 27.05 米，耸立于城垣之上。平面呈十字形，黄琉璃瓦顶上下三重，上层为两个歇山顶十字相交，山花向外显露，正中安铜鎏金宝顶。俗有"九梁十八柱七十二条脊"之说，以形容其结构复杂。

紫禁城四周，环绕以宽 52 米的护城河。深 4.1 米，总长 3300 米。河底用三合土夯实，河帮用条石砌筑，河岸砌筑矮墙，作为护栏之用。护城河容水量约有 50 万立方米，与城垣共同组成防卫体系。

护城河之水源自北京西北郊的玉泉山，汇入颐和园昆明湖，引入长河流至高梁桥转而向东，再向北从德胜门西侧水关入京城，汇入什刹海。自地安门西侧的西步梁桥（亦写作西步粮桥，俗称

护城河旧影

故宫鸟瞰（20世纪80年代）

西压桥）流入皇城，汇入北海，与紫禁城护城河西北角的入水口相通，形成水源供给通道。自清康熙十六年（1677）起，于护城河内栽种莲藕，除供皇宫食用外，还将剩余出卖，收入所得归奉宸苑，留作买办零星物件之用。

紫禁城的四门为仅有的出入要道，必然要严加防守。以清朝为例，午门设护军参领1员，左侧的门有阅门籍护军2名，专司检查出入凭证。左右门各设军校2员，护军13名。神武门、东华门和西华门各设护军参领1员，护军校各2员，阅门籍护军各2名，护军18名。另外，在四门内马道栅栏各设护军校1员，护军9名。乾隆二十三年（1758），在四门各增设章京2人。嘉庆年间，发生了林清领导的天理教起事，攻入紫禁城，清廷受到威胁。此后，便进一步加强防卫，于东华门和西华门外设立栅栏，派鸟枪前锋看守，紫禁城内外增派精锐的火器营官兵400名，分在四门协同防守。

紫禁城四门每晚都要上锁，由护军参领进行检查。出入门各有制度，不得擅行，否则按律治罪。明代规定：凡官员人等出入四门，无牙牌者附写木牌。清代规定，内大臣、侍卫、内务府等官及内廷执事官与内务府各执役人等，准由禁门出入者，均将姓名、所属旗分佐领内管领造册登籍，送所经由之门。工匠服役人等则由所管衙门各给火烙印腰牌，写出工作差役，持为出入符验放行。

明代在城垣与护城河之间设看守红铺40座，每座房屋3间，有官兵10人昼夜值班，并传铃巡视值更。清代用传筹代替明代摇铃巡更制度。筹为长约一尺的红色木棒，巡视时传递。乾隆年间，沿护城河内侧东、西、北三面建造起连檐通脊的守卫围房，使紫禁城的防守更为严密。1930年，三面围房年久失修，多数坍塌，所以对其加以清理，并在东北、西北转角处改为角亭。1998年至2000年，将原有围房加以修缮，并有所复建。

太和门

太和门位于午门内正北，是外朝三大殿的正南门，也是紫禁城内规格最高、最雄伟的宫门。

太和门为屋宇式大门。面阔9间，进深4间，建筑面积1300平方米，上为重檐歇山式顶，覆黄色琉璃瓦，檐下施以和玺彩画；下为高 3.44 米的须弥座台基，四周绕以石栏。后檐明次间的金柱间安大门 3 槽，朱漆金钉。阶下列铜鼎 4 只，门前设铜狮一对，皆为青铜本色，是明代铸造的陈设铜器。太和门前这对铜狮为紫禁城内陈设铜狮中体量最大者，尤显气宇轩昂。左为雄狮，右前爪伸出，抚按玩弄绣球；右为雌狮，左前爪伸出，抚按逗弄幼狮。阶下两侧还陈设有"石亭"和"石匮"。

太和门始建于明永乐十八年（1420），名奉天门。嘉靖十四年（1535），改称皇极门。嘉靖三十六年（1557），被火焚毁，翌年重建，曾名为大朝门，后仍称皇极门。清顺治二年（1645），

太和门广场

始称太和门。顺治三年（1646）、嘉庆七年（1802）曾有修缮。光绪十四年（1888），又遭火毁，次年重建。

光绪十四年（1888）十二月十五日深夜，火起贞度门，向东延烧太和门、昭德门，将三门及廊庑尽数焚毁。这场火灾距光绪十五年（1889）正月二十日的光绪大婚仅一个多月时间，而太和门局势宏敞、建筑壮丽，若按原式重建已经来不及。此事震惊朝野，认为是不祥之兆。为了不影响原定的大婚吉期，决定在原址赶搭一座彩棚应急，同时由工部会同内务府勘察现场，准备在大婚后实施重建。彩棚按太和门原有形制，"高卑广狭无少差。至榱桷之花纹，鸱吻之雕镂，瓦沟之广狭，无不克肖。虽久执事内廷者，不能辨其真伪。而且高逾十丈，凛冽之风不少（稍）动摇"。

此门在明代一直作为"御门听政"的场所，又称为"常朝御门"。明代规定，每天拂晓，文武百官在此上早朝，皇帝亲临此地接受臣下的朝拜和上奏，颁发诏令，处理政事。常朝御门之事，在明初举行较为频繁，嘉靖年间，因"壬寅宫变"，朱厚熜避居西苑20多年未还大内，早朝亦未举行。隆庆帝则改为只逢三、六、九日视朝。以后逐渐废弛，万历年间，由于久不临朝，朝臣竟不明班次，以致发生争吵不休的现象。清朝的常朝和御门听政则不在同日举行，常朝在太和殿，御门听政在乾清门。清顺治元年（1644）九月十九日，顺治帝至京师，自正阳门入宫。十月初一日祭告天地，行定鼎即位礼于皇极门（顺治二年改称太和门）。初十日，顺治帝于此门颁即位诏于全国。此后，太和门也曾被用作受朝、赐宴的场所。

太和门坐北居中，左右各设一门。左为昭德门，右为贞度门。门两侧为北向的廊庑。太和门前庭院广阔，面积达 26 000 平方米。内金水河自西向东逶迤流过，于肃穆庄严之中又平添几分亲切平和。庭院东西两侧各为连檐通脊的廊庑，其间设有协和门与熙和门，是通向东华门和西华门的重要通道。

宦官专权为明代历史上的一大弊政。明武宗时大太监刘瑾作威作福，"挟天子以令诸侯"，把朝廷大臣不放在眼里。正德三年（1508）六月，明武宗朱厚照御奉天门早朝听政后，群臣退朝时发现匿名书信一封，其中列数刘瑾的种种不法行为。此事当时被刘瑾知道，马上矫旨扣留群臣，不得退朝。300 余名文武官员跪伏在太和门广场上，不少人已上了年纪，加之酷暑难耐，当场数十人昏倒。据说匿名信出自内监手笔，然而无人招供。由于查不出书写者，刘瑾命锦衣卫将 300 余人全部逮捕下狱，造成明武宗执政以来的一大冤案。

昭德门与贞度门位置对称，形制相同，均为面阔 5 间，黄琉璃瓦单檐歇山顶，脊步安大门 1 槽。

昭德门始建于明永乐十八年（1420），初称东角门。嘉靖三十六年（1557）毁于火，次年重建，四十一年（1562）改名弘政门。清顺治二年（1645）改称昭德门。光绪十四年（1888）遭火毁，翌年重建。明代为考选鸿胪之地，清代作为侍卫值宿处。

贞度门在明初称西角门，嘉靖四十一年（1562）更名宣治门。清顺治二年（1645）改称贞度门。乾隆二十三年（1758）四月毁于火，同年十二月重修。光绪十四年（1888）十二月又被火毁，次年重建。

贞度门在清代为侍卫值宿之地。光绪十四年（1888）十二月十五日，有护军官兵在贞度门值夜，将洋铁油灯挂在东山墙后檐柱上，由于长期烟熏火燎，柱木被烤焦，以致火起。经过两天的扑救，大火终于被扑灭。但由于消防设施落后，器具不全，水源不足，仍将贞度门、太和门、昭德门及廊庑焚毁，损失巨大。火灾过后，清廷心存余悸，八九天之内连发十来道谕旨，奖励救火出力人员，审处肇事官兵，整顿消防机构，妥拟防火章程及勘估重修太和门等处工程。

紫禁城内金水河，与城外的护城河相连，全长约 2 000 米。由神武门以西城墙下涵洞将护城河水引入紫禁城，由北向南流又折而向东，经武英殿前转折流到太和门广场，再绕文华殿后曲折向南，从紫禁城东南角流出紫禁城，汇入护城河。

内金水河自西北而东南，流经大半个紫禁城，不仅美化了环境，还是排水泄水的主要途径，又可作为消防灭火和工程施工用水的重要水源。流经太和门广场的一段，形似一张弯弓，河上雄跨 5 座石桥。中间一座称为主桥，又称御路桥，专供皇帝通行，栏杆望柱采用云龙纹装饰。两侧称宾桥，采用火焰形望柱，供王公大臣、文武

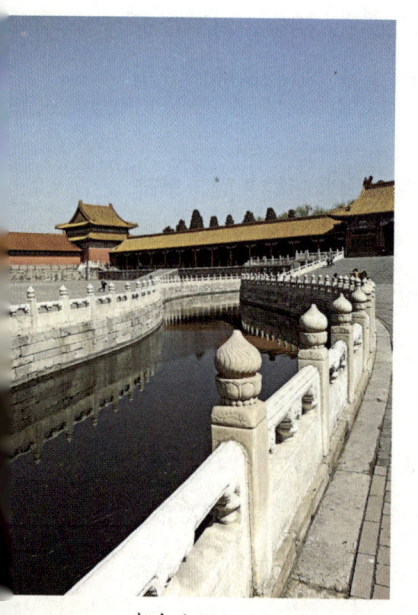

内金水河

官员通过。内金水河和内金水桥使太和门广场成为既分隔又相互联系的整体，于平淡中见起伏，堪称绝妙的设计构思。

太和门广场东西两侧的廊庑又称东、西朝房，建造得平矮朴实，有利于突出正中的太和门。东朝房在明代作为实录馆、玉牒馆、起居注馆和东阁，清代则改为稽查钦奉上谕事件处和内阁诰敕房。西朝房在明代为诸王馆和会典馆，清代则改作翻书房和起居注馆。

协和门与熙和门均面阔5间，单檐歇山顶，覆黄琉璃瓦，脊步安大门3槽。两门明初称为左顺门和右顺门。景泰初年，规定有午朝制度，御座设于左顺门。嘉靖三十六年（1557）两门皆焚，翌年重建。嘉靖四十一年（1562），左顺门改称会极门，右顺门改称归极门。万历二十五年（1597）两门再遭火毁，天启年间重建。清顺治二年（1645），会极门改名协和门，归极门改名雍和门。乾隆元年（1736），雍和门更名熙和门。乾隆二十三年（1758），熙和门再次失火，当年重新修建。1915年，包括太和门的外朝区域重新油饰彩画。1978年又重新油饰。

太和殿

太和殿位于太和门内正北，与中和殿、保和殿前后序列，合称三大殿，又称前三殿。三大殿坐落在平面呈"土"字形的宽大台基之上。台基上下三重，俗称三台，高8.13米，周围绕以石雕栏杆，栏杆望柱浮雕云龙、云凤图案。望柱下又有石雕螭首，口

太和殿

内凿有圆孔，是雨水排泄的孔道。遇有暴雨就会呈现千龙吐水的壮观景象。利用天然雨水造景，是独具匠心的艺术创造。

太和殿是中国现存古建筑中规模最大的殿宇。面阔11间，进深5间，建筑面积达2 300多平方米。殿高26.92米，黄琉璃瓦重檐庑殿顶，属中国古建筑屋顶式样的最高形制。正脊两端大吻由13块琉璃构件拼接组成，高3.40米，重约4.3吨，表面饰以龙纹，又称龙吻。檐宇四角安有仙人走兽，走兽又称小兽，一般古建筑多用奇数，至多不过9个，而太和殿却安放了10个，为古建筑琉璃装饰的孤例。太和殿檐角的走兽依次排列为龙、凤、狮子、海马、天马、押鱼、狻猊、獬豸、斗牛、行什，与《大清会典》所载有所出入。

太和殿的装饰与陈设均为中国古建筑中的最高等级。梁枋施以金龙和玺彩画，前檐金步正中7间安六抹菱花槅扇，东西两侧的2间，下为彩色龟背锦琉璃砖饰面的槛墙，上为四抹菱花槅扇槛窗。槅扇绦环板、群板和槛窗绦环板浮雕云龙，门窗饰以铜鎏金饰件。后檐檐步正中3间安槅扇门，形制与前檐相同，两侧则以后檐墙封护。室内饰以龙井天花，正中为向上隆起、如伞如盖的蟠龙斗八藻井。藻井上圆下方，高1.8米，井口直径6米，巨龙盘卧，龙首下探，口衔宝珠，通体髹金，金碧辉煌。

太和殿内上方有匾额，曰"建极绥猷"。两侧有联，曰"帝命式于九围，兹惟艰哉，奈何弗敬；天心佑夫一德，永言保之，遹求厥宁"。

太和殿室内正中偏后，置有须弥座式木制平台，明代称为金台。台上设镂空金漆龙椅，即皇帝的宝座。1915年袁世凯称帝，将宝座换为高背座椅，原宝座不知去向。1959年，经清史专家朱家溍考证，于库房中发现已残坏的原宝座，经过修复，归安原位。宝座后设雕龙髹金屏风，宝座前设宝象、甪端、仙鹤、香筒各一对。平台前台阶间设两对香炉。

平台两侧的6根金柱采用遍体贴金的浑金做法，用沥粉贴金工艺于每根金柱上各绘一条巨龙，伴以云纹衬托，其下饰以海水江崖，烘托出巨龙的磅礴气势。

太和殿内还陈设有两对龙柜，左右各一对。明人曾在殿内陈设8个龙柜，由于屡遭火灾已不复存在，现存龙柜为清代乾隆年间遗物。龙柜分为上下两截，正面对开柜门，浮雕云龙纹饰。太

嘉量　　　　　　　　　　　　铜鹤

和殿前有宽阔的月台，正面石阶三出，分层陈设 18 个铜鼎。月台上陈设有日晷和嘉量。日晷是古代计时器，利用太阳照射的方位，通过指针投影来表示时间；嘉量是古代的标准量器。月台上还陈设有铜龟、铜鹤，龟鹤被认为是长寿的动物，以此象征江山永固。每当皇帝驾临太和殿，殿内的宝象、甪端、仙鹤、香筒、

日晷　　　　　　　　　　　　铜龟

香炉等一齐点燃檀香，殿外的铜鼎和铜龟、铜鹤内同时点燃松柏枝和檀香，殿内外烟雾缭绕，增添了神秘和威严的气氛。

太和殿初名奉天殿，始建成于明永乐十八年（1420），次年四月即遭雷击起火焚毁。至正统五年（1440）兴工重建，正统六年（1441）建成。嘉靖三十六年（1557）又毁于雷火，当年重建，嘉靖四十一年（1562）九月建成，更名为皇极殿。万历二十五年（1597），归极门（今协和门）失火，延及皇极殿。万历四十三年（1615）重建，天启六年（1626）建成。清顺治二年（1645）重修，改名太和殿，次年建成。康熙八年（1669）重修太和殿，当年完工。康熙十八年（1679），太和殿又遭火毁。康熙三十四年（1695）重建，将两山明廊改为夹室，形成11间格局。康熙三十六年（1697）建成。乾隆三十年（1765）曾有重修。当今所见太和殿，基本保持了康熙年间重建时的规制。

太和殿是明清两代举行盛大典礼的场所，凡皇帝登极、大婚、册立皇后、命将出征，以及元旦（春节）、冬至、万寿（皇帝生日）三大节，皇帝都要在此接受朝贺，并在此赐宴。明永乐十九年（1421）正月初一，北京宫殿启用，永乐

太和殿内景

皇帝就在此接受朝贺，大宴群臣和外国使者。

明代规定三大节日均在奉天殿举行筵宴。四品以上官员的宴桌设在殿内，五品以下官员在东西两廊。

清代赐宴，在承继明代规定的基础上又有所改变。除按规制陈卤簿外，在殿外增加中和清乐和丹陛清乐。王公和一、二品官员在太和殿内，二品以上的世爵等在殿前月台上，三品以下官员和外国使臣在院内东西廊下。

旧制新进士殿试于太和殿两廊，乾隆五十四年（1789）始改在保和殿考试，但传胪必于太和殿宣名。

太和殿前是紫禁城内最大的广场，面积达 30 000 余平方米。明清两代遇有大朝会和庆典，在殿内外、庭院中要陈设皇帝卤簿、中和韶乐、丹陛大乐等，文武百官列队立于广场御道两侧。按正、从一品至九品，每侧 18 列，明代在奉天门前，用木牌作标志，清代改用铜范，形如山形，称为品级山。

太和殿广场东西两侧，耸立有高大端秀的体仁阁和弘义阁。两阁形制相同，外观两层，内有夹层，实为 3 层，面阔 9 间，进深 3 间，黄琉璃瓦庑殿顶。

体仁阁始建于明永乐十八年（1420），初称文楼，嘉靖时改名文昭阁，清顺治初改称体仁阁。顺治三年（1646）重修，乾隆四十八年（1783）殿于火，当年重建。明代曾在此存放《永乐大典》，清康熙十七年（1678）在此首开博学鸿词科，搜罗遗逸，纂修《明史》。乾隆时曾在此供奉清初三帝御容，甲胄及金册宝、玉册宝，后作为内务府缎库。

弘义阁在明永乐十八年（1420）建成后称武楼，嘉靖时改称武成阁。清顺治初年改名弘义阁，顺治三年（1646）重修，清代用作内务府银库。故宫博物院成立以后，太和殿用作原状陈列。1945年8月15日，日本宣布无条件投降。10月10日，北平战区受降仪式在故宫太和殿广场隆重举行。

弘义阁

中和殿

中和殿位于太和殿后，是一座正方形殿宇。面阔、进深各5间，建筑面积580余平方米。黄琉璃瓦四角攒尖式屋顶，正中安铜鎏金宝顶，在阳光下熠熠放光。

中和殿始建于明永乐十八年（1420），名华盖殿。永乐十九年（1421）四月被火焚毁，正统五年（1440）重建，正统六年（1441）工成。嘉靖三十六年（1557）再遭火毁，嘉靖四十一年（1562）重建工成，并改名中极殿。万历、天启年间曾先后重修。清顺治二年（1645）改称中和殿，并动工重修，次年工成。乾隆三十年

中和殿

（1765）又有修缮。

　　中和殿内上方有匾额，曰"允执厥中"。有联曰"时乘六龙以御天，所其无逸；用敷五福而锡极，彰厥有常"。

　　中和殿内正中设宝座，宝座后设屏风。清制宝座前及两侧设宝象1对、鼎炉2对、香筒1对、甪端1对，另有1对炭盆分置左右。中和殿四面辟门，每逢冬季举行大朝会和庆典，殿内的两个大炭盆都燃炭火。每次举行朝贺庆典，皇帝从后宫乘舆出宫，临中和殿，执事官员行礼后，御太和殿升座受群臣拜贺。

　　明清两代皇帝，每年春季祭先农坛、行亲耕礼，祭祀和亲耕之前，清代皇帝在中和殿阅视祭祀用的写有祭文的祝版和亲耕时所用的农具。

　　皇帝亲祭地坛、太庙、社稷坛、历代帝王庙、至圣先师庙、日坛和月坛，也要先期在中和殿阅视祝版。

清代给皇太后上徽号，皇帝在中和殿阅视册书。

清代，每10年纂修一次玉牒，即皇室谱系，每次修纂完成，在中和殿举行仪式，进呈皇帝审阅。

保和殿

保和殿位于中和殿之后，为外朝三大殿的最后一座殿宇。面阔9间，进深5间，建筑面积1 240余平方米。重檐歇山式屋顶，覆黄色琉璃瓦。前檐金步安装修，正中5间安菱花槅扇，两端的两间为槅扇槛窗。后檐正中3间安菱花槅扇。建筑结构为减柱造型式，前檐减少6根金柱，室内空间尤显宽敞。

保和殿内上方有匾额，曰"皇建有极"。两侧联曰"祖训昭垂，我后嗣子孙尚克钦承有永；天心降鉴，惟万方臣庶当思容保无疆"。

三大殿由于功能不同、位置不同，体量与建筑形制也各具特色。太和殿庄严雄伟，中和殿方正端庄，保和殿巍峨壮丽，既有差异又协调自如，形成一个有机的整体。

保和殿始建于明永乐十八年（1420），名为谨身殿。永乐十九年（1421）四月毁于火，正统五年（1440）兴工重建，正统六年（1441）建成。嘉靖三十六年（1557）四月又被火毁，当年重建，嘉靖四十一年（1562）工成，更名为建极殿。万历、天启年间又有重修。清顺治初名位育宫。清顺治二年（1645）改称保和殿，同年重修，次年工成。康熙二十九年（1690）、乾隆三十年（1765）又有重修。顺治、康熙年间，保和殿因皇帝暂居曾两易其名。顺治二年（1645）至十三年（1656）改称位育宫，康熙帝登极后至康熙八年（1669）曾称清宁宫。

明代册立皇后、皇太子颁诏时，百官上表称贺，皇帝先到谨身殿穿戴衮冕礼服，然后到奉天殿接受朝贺，再回谨身殿换下礼服。

明清两代，皇帝常在保和殿大宴群臣。清代公主下嫁纳彩后，皇帝在保和殿宴请额驸（驸马）及其父亲、族中的在朝官员和三品以上的文武大臣。乾隆三十五年（1770），和静固伦公主下嫁，就在保和殿赐宴。每年除夕、正月十四、正月十五，皇帝于保和殿赐宴招待外藩蒙古王公及文武大臣。宴桌大多设于殿内，台吉和侍卫的宴桌设于殿外，届时设中和韶乐、丹陛大乐于殿前及中和殿后。

嘉庆二年（1797）十二月三十日，设宴于保和殿，大臣两人共一桌。少顷，嘉庆皇帝御保和殿，候太上皇帝升殿坐于御榻。皇帝于东侧另设小榻，面西侍坐，文武官员陪食。太上皇举御桌上酒盏祝酒，宴罢文武官员各有赉赏。

顺治十四年（1657），文华殿修建工程尚未完工，于保和殿始行经筵典礼。

实录、圣训修成，于保和殿举行恭进仪式。

顺治年间，曾御试词臣于保和殿。康熙二十四年（1685）正月，御试翰林院、詹事府诸臣于保和殿。乾隆元年（1736）试博学鸿词，因天气渐寒，皇帝降谕旨，于保和殿考试，并于保和殿赐宴。乾隆五十四年（1789）始于保和殿举行殿试，以后成为定例。

保和殿后三台石阶正中，嵌有一块巨大的云龙雕石。长

三大殿（太和殿、中和殿、保和殿）

16.57米，宽3.07米，厚1.7米，重约200吨。四边雕作卷草纹，中间高浮雕九条巨龙，飞腾于流云之间，下部为海水江崖。这块巨型雕石为明代遗物，清乾隆二十五年（1760）将明代旧有纹饰凿去，改刻现今所见到的图案，为了重雕图案将原石雕凿去一尺二寸，约合38厘米。

　　三大殿周围由廊庑围合成相对封闭的院落，形成紫禁城内最大的庭院。院落的四角各有一座高耸的崇楼，形制相同，平面呈方形，黄琉璃瓦重檐歇山顶，向内的两面柱间安设门窗装修，外侧两面则用墙体封护。崇楼的设置，加强了外朝三大殿的整体性和稳定感，同时也使得周围建筑起伏错落而主次分明，更烘托了三大殿突出为主的重要地位。三大殿周围的廊庑楼阁，在清代主要用于内务府广储司所管的库房，包括银库、缎库、皮库、衣库、茶库、瓷库等六大库，以及武备院的甲库、毡库和南北鞍库。

银库设在弘义阁内，司掌收存金银、制钱、珠宝、印信、本章等物。缎库设在体仁阁内和中右门外西庑房，司掌收存各种绸缎、布匹、棉花等物。皮库设在西南崇楼内及保和殿东庑房，司掌收存各种皮毛、呢绒、羽纱、象牙、犀角、凉席等物。衣库设在弘义阁南西庑房，司掌收存侍卫处领用的青狐、红豹、貂皮、黄狐皮、端罩、皮袷朝服、蟒袍，女官领用的蟒袍、褂裙、萨满衣，祭祀领用貂褂等项。茶库设在右翼门内西庑房、太和门内西庑及中左门内东庑等处，并收存人参、茶叶、香、纸、绒线、环缨、颜料等物。瓷库设在中右门外西庑及武英殿前库房，收存金银器皿，并古铜、珐琅、镀金、新旧瓷、铜、锡器等物。甲库设在左翼门内体仁阁南，收存盔甲、枪刀、旗纛、器械等物。毡库设在昭德门内东西庑房，收存弓箭、靴鞋、毡条等物。南鞍库设在东南崇楼，收存宫用鞍辔、各项皮张、雨缨、绦带等物。北鞍库设在左翼门内及体仁阁南，收存皇帝所用鞍辔、伞盖、帐房、凉棚等物。

三大殿庭院四面设门，正南为太和门，两侧有昭德、贞度二门。东庑有左翼门，西庑为右翼门，形制相同，皆面阔5间，单檐歇山黄琉璃瓦顶。保和殿两侧三台左右有后左门和后右门，形制相同，皆面阔连廊5间，单檐歇山黄琉璃瓦顶。文献记载，明代保和殿后有云台门，但遗迹不存，旧制不明，有专家推断可能为牌楼门形制。明代，后左门、后右门又称云台左门、云台右门，该区域统称平台，皇帝曾于此召对臣工。清代，将后左门左翼室亦称为平台，康熙皇帝曾在此召见内阁官员。太和殿两侧三台下面有中左门和中右门,形制与后左、后右门相同,清顺治三年(1646)重修。太和殿、保和殿两侧原为斜廊,清康熙年间改为卡墙。中华人民共和国成立后,为方便观众开辟随墙门。

1911年,清王朝被推翻,逊帝溥仪暂居内廷,外朝部分于1914年设立古物陈列所。三大殿一区辟为宫廷原状陈列场地。开创之初,太和殿内仅选择了重要物品略事点缀。至1925年又扩充了展品,于原状之外又增添了一些清代宫廷用品,如雕漆、紫檀、金漆、鹿角宝座、珐琅、刺绣、缂丝、木质插挂屏、古铜宫熏、品级山及名人大画轴等。中和殿陈列了明清大件珐琅器、紫檀雕花柜、清顺治帝所立禁止太监干政的铁牌。保和殿陈列金漆宝座、御案、御笔字画、名人大画轴等。另外,于1930年将太和门内以西南庑房辟为洪宪馆,将袁世凯称帝所筹备之物陈列展出,包括有海陆军旗、国旗及各国旗帜、铜品级山、庆成灯、嘉禾牌、朝帘、宝座、龙案及承运殿全图等项。

1925年,故宫博物院成立。1948年,古物陈列所并入故宫博物院,三大殿一区仍主要作为宫廷原状陈列展示。1949年中华人民共和国成立后,曾于1950年至1959年期间对三大殿一区建筑进行了全面的保养及油饰彩画,又于1972年始对此区域建筑实施定期的保养及油饰。2003年7月,故宫博物院和意大利文化遗产部合作保护太和殿项目签订框架协议;至2004年12月,完成现场勘测和方案制定;自2006年1月5日起,太和殿停止对外开放,进行为期2年半的修缮;2008年7月16日,竣工后的太和殿重新开放。

乾清门

乾清门建于明永乐十八年（1420），清沿明制，于顺治十二年（1655）重修。门外为横向广场，南北宽50米，东西长200米。广场北侧正中为乾清门，东为内左门，西为内右门。内左门外东侧宫墙之下，为蒙古王公及九卿值房，内右门外西侧宫墙之下，为军机处等值房。广场两端东为景运门，西为隆宗门；景运门内南侧为奏事待漏所，隆宗门内南侧为军机章京值房。广场南侧中为保和殿后陛，及后左门、后右门。此广场宽阔、平坦，是外朝内廷的分界线，也是紫禁城内东西联系的主要通道。

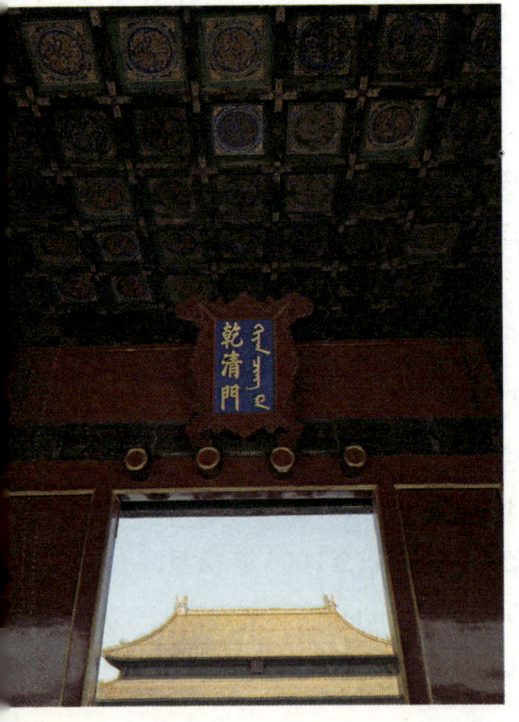

乾清门为紫禁城内廷的正门。乾清门面阔5间，进深3间，高约17米，单檐歇山顶，坐落在高1.5米的汉白玉石须弥座上，周围环以雕石栏杆。门前3层阶，各9级，中为御路，前绕白石栏杆。两侧列铜鎏金狮子一对。中开三门，门扉安设在后檐部位，门厅敞亮。两梢间为青砖槛墙，方格窗。檐下施单昂三踩斗栱，绘金龙和玺彩画。门两侧"八"字形琉

乾清门

璃影壁，高8米，长9.7米，厚1.5米，两端接宫墙。壁心及岔角以琉璃花装饰，琉璃顶及须弥座。影壁心饰以缠枝宝相花，四岔角饰菊花、牡丹花。宫墙下摆放着铜缸、路灯。门内有高台甬路连接乾清宫月台。

乾清门在清代兼为处理政务的场所，清代自康熙年始在此"御门听政"，此后，斋戒、请宝、接宝等仪式都在乾清门举行。门内原设有围屏，乾隆六年（1741）将门内两边所设围屏撤去，改修板墙两道。

乾清门外内左门和内右门的两旁，原有为王公大臣所设立的板房，乾隆时改为周庐十二楹。东为文武大臣奏事等待召见的地方，也叫九卿值房；西是侍卫房、军机处、内务府值房。皇帝召见满汉大臣由乾清门出入，太监带领太医院值班御医走乾清门；军机大臣和年老的文武大臣准由内右门出入，造办处官员进内接活计，也可由内右门走；内左门则常闭不开；皇帝前往慈宁宫向皇太后问安行礼，走隆宗门；御奉先殿祭祀及往宁寿宫，走景运门。皇帝崩逝，梓宫经由乾清门、景运门出东华门。

景运门 明永乐十八年（1420）建，万历二十六年（1598）重修。清沿明制，于顺治十二年（1655）重修。

景运门位于乾清门前广场东侧，东向，与广场西侧隆宗门相对。面阔5间，单檐歇山顶，覆黄琉璃瓦，单昂三踩斗栱，砌上明造，梁枋绘墨线大点金旋子彩画。明间及两次间辟为门道门扉设于后檐金柱处。门道内外设礓磜墁道以便车舆出入。门内北侧原为内左门外板房，清乾隆十二年（1747）改建为值庐，东起景运门内宫墙，西至内左门外，连檐通脊转角房12间，10间坐北面南，2间坐东面西，屋顶拐角处以合角吻形式连接，覆黄琉璃瓦，为宗室王公大臣值房。门南侧为奏事待漏值所。门外东为奉先殿，北为毓庆宫。

奏事待漏值所即宗室王公奏事待漏之所，亦称五间房。位于景运门内南侧，面北，与蒙古王公值房对应。面阔5间，黄琉璃瓦悬山式顶，后檐墙辟门，房南围以矮墙，自成院落，院外西侧有井亭。奏事待漏值所，咸丰八年（1858）毁于火，同年重建。

景运门与隆宗门均为进入乾清门前广场的重要门户，进入此门可至内廷中路各处，因此也被称作"禁门"。自亲王以下，文职三品、武职二品以上大员以及内廷行走各官所带之人，只准至门外台阶20步以外处停立，严禁擅入。

隆宗门 明永乐十八年（1420）建，万历二十六年（1598）十一月重修。清沿明制，于顺治十二年（1655）重修。

隆宗门位于乾清门前广场西侧，西向，与东侧景运门相对而立，形制相同。面阔5间，黄琉璃瓦单檐歇山顶，单昂三踩斗栱，砌上明造，梁枋绘墨线大点金旋子彩画。明间及两次间辟门道，门扉设于后檐金柱处。门道内外设礓磜墁道以便车舆出入。门内北侧为军机处值房，门外正西为慈宁宫。此门是内廷与外朝西路及西苑的重要通路，非奏事待旨及宣召，即使王公大臣也不许擅入。

清代皇帝卒于紫禁城外，其梓宫均由隆宗门迎入，并于门内齐集举哀。

清嘉庆十八年（1813），中原一带发生"天理教"农民起事，农民领袖林清策划并命京畿一支队伍直接攻打紫禁城。九月十四日，天理教众乔装打扮，兵分两路，计划从东、西华门进入宫城。西华门一支在内应太监刘得财、刘金等人引领下迅速攻到隆宗门，并在此展开激战。因此次紫禁城之变，嘉庆皇帝向天下发了《罪己诏》。至今隆宗门匾额上留有的箭镞，相传即这次战斗的遗迹。

内右门外西侧军机处原为板房，清乾隆十二年（1747）改建为值庐，西起隆宗门内宫墙，东至内右门外，连檐通脊转角房12间，10间坐北面南，2间坐西面东，屋顶转角处以盝顶合角吻形式连接，上覆黄琉璃瓦。西3间为总管内务府大臣值房；中7间为军机处值房，值房内悬挂清世宗御书"一堂和气"及文宗御书"喜

军机处

报红旌"匾额，清宣统三年（1911）改内阁制时撤军机处，原状保持至今。东2间坐西面东，为侍卫值房。

隆宗门内南侧，明代有坐西面东连房，为司礼监太监看文书之所，后改称文书房。清代改建为面北值房5间。原为内翻书房，为翻译满汉文书之处。乾隆年间改建为军机章京值房。值房为一单独小院，与军机处值房相向，亦称小军机处。西2间为议屋，中1间为苏拉、纸匠、听差之所。南北正中各辟门，后有小院，原院向南有门，光绪三十年（1850），恐泄漏军机，遂撤院南门。院外东侧有井亭。1924年至1925年曾为清室善后委员会办公处。

内左门为乾清门东随墙琉璃门，南向。门外东为清宗室王公及九卿值房，门内为南北向的东一长街，是通向东六宫、斋宫的街门。清时门不常启。内右门为乾清门西随墙琉璃门，南向。门外西为清军机处值房，门内为南北向的西一长街，是通向养心殿、西六宫的街门。现建筑完好。

乾清宫

乾清宫，内廷后三宫之一。位于前三殿后紫禁城中轴线上，是内廷的中心建筑。宫后为交泰殿、坤宁宫。

乾清宫坐落在单层汉白玉石台基之上，面阔9间，进深5间，建筑面积1400平方米，自台面至正脊高20余米，重檐庑殿顶，覆黄色琉璃瓦，檐角置走兽9个。檐下上层单翘双昂七踩斗栱，四角科施附角斗鸳鸯交臂栱，下层单翘单昂五踩斗栱，饰金龙和玺彩画，三交菱花槅扇门窗。殿内明间、东西次间相通，明间前檐减去金柱，梁架结构为减柱造型式。后檐两金柱间设屏，屏前设宝座，宝座上方悬清顺治帝福临御题"正大光明"匾。两楹为清康熙帝玄烨御书联曰"表正万邦，慎厥身修思永；弘敷五典，无轻民事惟难"。北有清乾隆帝弘历御书联曰"克宽克仁，皇建其有极；惟精唯一，道积于厥躬"。东西梢间为暖阁，后檐设仙楼，清代乾隆帝御笔"温室"匾，曾悬挂于乾清宫西暖阁，与暖阁之义相通。两尽间辟为穿堂，可通交泰殿、坤宁宫。殿内铺墁金砖。

殿前宽敞的月台上，左右分别有铜龟、铜鹤、日晷、嘉量，前设鎏金香炉4座，月台南正中出丹陛，接高台甬路与乾清门相连。丹陛之下有高1.8米、宽1.1米、长约10米的通道，俗称老虎洞，石砌，拱形，两侧设门，可贯穿东西。

乾清宫月台两侧各有一座仿木构建筑的铜镀金小殿，称社稷江山金殿。两座金殿形制相同，坐落在文石台座之上，平面呈方形，深广各1间，四面各设一槽四扇三交六椀菱花扇。重檐两层，下方上圆，攒尖顶。石台四周置石刻十二生肖。台座3层，通高3.5米，雕饰海水江崖纹，四面各置栏板3堂，南出台阶一步，柱头雕饰狮子。

乾清宫始建于明代永乐十八年（1420）, 永乐二十年（1422）、正德九年（1514）、万历二十四年（1596）3次毁于火，万历三十三年（1605）重建。清沿明制，于顺治二年（1645）重修；顺治十年（1653）重建，十三年（1656）建成。康熙八年（1669）、十九年（1680）重修。乾隆四年（1739），乾清宫廊内换墁花斑石，二尺三寸见方，共243块。石料采自京郊盘山西北小花山。嘉庆二年（1797）毁于火，并延烧弘德殿、昭仁殿、交泰殿，第二年重建。光绪十六年（1890）曾修缮。

乾清宫建筑规模为内廷之首，作为明代皇帝的寝宫，自永乐皇帝朱棣至崇祯皇帝朱由检，除洪熙皇帝朱高炽外，共有13位皇帝曾在此居住。明代乾清宫曾为皇帝大婚洞房。由于宫殿高大，空间过敞，皇帝在此居住时曾分隔成数室。据记载，明嘉靖年间乾清宫有暖阁9间，分上下两层，共置床27张，后妃们得以进御。由于室多床多，皇帝每晚就寝何处很少有人知道，以防不测。皇帝虽然居住在迷宫式的宫殿内，且防范森严，但仍难以高枕无忧。嘉靖年间，宫女反抗皇帝暴虐无道，在乾清宫几将嘉靖皇帝朱厚熜勒死。事败后，宫女或被凌迟处死，或枭首示众。当年为壬寅年，故史称"壬寅宫变"。嘉靖皇帝此后移居西苑，不敢再回乾清宫居住。

明万历四十八年（1620）七月，万历皇帝朱翊钧驾崩。八月初一日，皇太子朱常洛登极，年号泰昌。八月三十日，重病在身的泰昌皇帝开始服御药房太监崔文升的泻药，病情加剧，后又服用鸿胪寺丞李可灼呈进的"仙丹"，初服1丸，四肢和暖，思进饮食；再进1丸，于次日凌晨即亡。泰昌帝之死因引起朝廷内外的激烈争论。拥帝派大臣认为是万历帝的郑贵妃陷害新皇帝的阴谋，拥贵妃派大臣辩解与贵妃无涉。泰昌皇帝之死亦成为疑案。因"仙丹"为红色，故史称"红丸案"。

明万历四十八年（1620）七月，太子朱常洛即位后，其皇长子朱由校与宠妃李选侍一齐迁入乾清宫。泰昌帝即位一月即病死，李选侍欲把持朝政，不离乾清宫，群臣反对，迫其离开，拥朱由校即位。围绕着新皇帝天启帝登极与李选侍移出乾清宫，宫廷内又展开了一场激烈的斗争，此即天启年间的"移宫"风波。

乾清宫也曾作为皇帝停灵之处。

清代康熙以前，这里沿袭明制，为皇帝居住。皇帝新丧，梓宫亦奉安于此祭奠。康熙六十一年（1722）十一月初七日，康熙皇帝病逝于畅春园。当日，梓宫运回皇宫，安奉于乾清宫内。雍正皇帝即位后住养心殿。十二月十三日，梓宫移送到景山寿皇殿祭奠。此后，雍正皇帝及其后的7位皇帝都住在养心殿，乾清宫改作皇帝召见廷臣、批阅奏章、处理日常政务、接见外藩属国使臣和岁时受贺、举行宴筵的重要场所。一些日常办事机构，包括皇子读书的上书房，也都迁入乾清宫周围的庑房。

清代从康熙朝开始，沿用中原各王朝立嫡长子的做法确定皇位继承人。康熙十四年（1675）下诏册立嫡长子胤礽为皇太子。康熙帝多子，在位时间又长，公开册立太子后，形成了康熙帝和太子间、太子和诸皇子间、皇子和皇子间的矛盾和纷争。康熙帝两次废皇太子胤礽。从康熙五十一年（1712）第二次废皇太子后，康熙皇帝再没有公开建储，致使康熙帝死后雍正帝如何取得大位成为一大历史疑案。

雍正皇帝即位后，废弃了公开建储制，宣布实行秘密建储。

雍正元年（1723）八月，雍正皇帝于乾清宫西暖阁召见王公大臣，宣布："今朕诸子尚幼，建储一事，必须详加审慎，此事

乾清宫

虽不可举行，然不得不预为之计。今朕特将此事，亲写密封，藏于匣内，置之乾清宫正中，世祖章皇帝御书'正大光明'匾额之后，乃宫中最高之处，以备不虞，诸王大臣咸宜知之。"雍正帝命诸王大臣共议这种做法，诸王大臣均无异议。雍正帝遂命诸臣退下，只留总理事务王大臣当面将密封的锦匣收藏于"正大光明"匾后。后来，雍正帝又另书密封一匣，"常以随身"。

雍正十三年（1735）八月，雍正帝四子宝亲王弘历成为清代第一个以秘密建储制继位的皇帝，是为乾隆皇帝。乾隆帝在对历朝历代的建储法详加比较剖析后，认定秘密建储"实为美善"，进一步将秘密建储确定为神圣不可更改的"建储家法"。乾隆以后，自嘉庆到咸丰，都是按秘密建储制继承皇位的。

清代皇帝大婚的第 4 天，在乾清宫接受皇后、妃、嫔、公主、福晋及命妇等人的拜贺。清代皇帝有亲笔书写"福"字的习俗。此习俗首开于康熙皇帝，写好的第一个"福"字悬于乾清宫正殿，其他张贴于后宫、御花园等处。余下的赐予王公大臣及内廷翰林，众人皆以获得"福"字为荣幸。原写"福"字多在除夕前数天，乾隆二年（1737）开始定于十二月初一日在漱芳斋开笔书福，后岁以为常。

清宫每遇皇帝寿辰、元旦、除夕及各节令，在乾清宫举行家宴，称乾清宫家宴仪。当日，乾清宫东西檐下设中和韶乐及中和清乐，乾清门内东西檐下设丹陛大乐及丹陛清乐。宝座前设御筵，并于御筵左右两侧依次设皇后宴席，皇贵妃、贵妃、妃、嫔筵席。

康熙、乾隆两朝还在这里举行过特殊的筵宴——千叟宴。

千叟宴始于康熙五十二年（1713），康熙皇帝六旬庆寿时在畅春园举行。康熙六十一年（1722），分两日在乾清宫举行 65 岁以上的满、蒙、汉文武大臣、官员共 1 000 余人的筵宴。乾隆五十年（1785）正月，以登位 50 年大庆，在乾清宫举行千叟宴，宴亲王以下 60 岁以上计 3 000 余人。雍正十三年（1735），雍正皇帝崩，乾隆皇帝以乾清宫南廊为苫次。

乾清宫现为宫廷生活原状陈列。

昭仁殿 乾清宫东侧小殿，南向 3 间，明代始建。单檐歇山顶，上覆黄琉璃瓦。明间辟门，两次间槛窗，殿前接抱厦 3 间，后接室 3 间，西室匾曰"慎俭德"，再西有匾曰"五经萃室"，均为藏书之处。殿前明代为斜廊通乾清宫及东庑，清代康熙十九年（1680）

改廊为砖墙，自成一院，有小门以通内外。东为龙光门，明代已有。门占1间房之三分之二，不在中央，另三分之一为东庑隔火墙，是正宫通向东路的安全出口。

昭仁殿是清朝皇帝读书的地方。乾隆九年（1744）下诏从宫中各处藏书中选出善本呈览，并列架于昭仁殿内收藏，乾隆皇帝亲笔题匾"天禄琳琅"，挂于殿内。乾隆四十年（1775），又命大臣重新整理，剔除赝刻，编成《天禄琳琅书目前编》10卷，记载了每一部书的刊印年代、流传、收藏、鉴赏等情况。当时昭仁殿共有宋金元明版藏书429部。乾隆四十八年（1783），高宗以南宋岳珂所校刻之《易》《书》《诗》《礼记》《春秋》五经甚重，命诸臣在昭仁殿后室特辟一小室，赐名"五经萃室"，御题匾额，悬于室内。并设围屏，上刻《五经萃室记》，旁有联曰"有秋历览登三辅，旰食惟期协九经"。嘉庆皇帝亦常临室阅览，并做有《五经萃室观书》诗："……法宫启青阳，别殿芸编萃。几余静探寻，危微衷敬志。"嘉庆二年（1797）十月，乾清宫失火，延烧昭仁殿，《天禄琳琅》珍贵藏书悉为灰烬。同月嘉庆皇帝命重辑《天禄琳琅续编》，于次年完成。昭仁殿于次年重建，收贮《天禄琳琅续编》659部12 258册。"五经萃室"亦重新恢复，藏《相台五经》。昭仁殿藏书宋金版本用锦函，元版本用青绢函，明版本用褐色绢函，分架排列，皇帝可以随时到此阅览，十分方便。

弘德殿 乾清宫之西小殿，南向3间，明代建，初名雍肃殿，明万历十四年（1586）改今名。单檐歇山顶，覆黄琉璃瓦，前接抱厦3间，明间辟门，两次间为槛窗。殿中悬挂匾曰"奉三无私"，南向设御座，后接室3间，有匾曰"太古心"，后东室匾曰"怀永图"，皆为乾隆皇帝御笔。殿前有明代斜廊，清代改为砖墙，自成一院，东侧有小门一道，以通内外，西侧为凤彩门，明代已有，建制与龙光门同，是正宫通向西路的安全出口。

清嘉庆二年（1797）毁于火，次年重建。

明代为召见臣工之处，清代为皇帝传膳、办理政务及读书之处。

顺治十四年（1657），以开日讲祭告先师孔子于弘德殿。康熙年间，康熙皇帝以春秋两讲为期疏阔，命讲官每诘旦进讲弘德殿，并与讲官言吏治及致治之道，抑或作诗赋。康熙十四年（1675）举行经筵，以文华殿尚未落成，于弘德殿设孔子位致祭。

同治年间，奉两宫皇太后懿旨，同治皇帝在弘德殿入学读书，惠亲王绵愉专司弘德殿皇帝读书；祁寯藻、翁同龢授读；绵愉之子奕详、奕询伴读，时有弘德殿书房之称。

乾清宫东庑

明永乐年间建，后数次遭火焚毁，现为清代建筑。庑房为连檐通脊，覆黄琉璃瓦，坐落在1.1米高的台基之上，前檐出廊，后檐为半封护檐墙。旋子彩画。北起3间为御茶房，南3间为端凝殿，又南3间为自鸣钟处，南为日精门，东出。日精门南为御药房，再南1室为祀孔处，皆西向。转而西，北向者为上书房，再西紧靠乾清门东山墙者为阿哥茶房，即上书房西茶房。

御茶房　内臣值庐，清初设，圣祖仁皇帝御笔匾"御茶房"，专司上用茗饮、果品及各处供献节令宴席。尚茶之水取于西郊玉泉山。

端凝殿 御茶房南,明嘉靖十四年(1535)建于乾清宫东庑。明代夏言拟额曰"端凝",取"端冕凝旒"之义,为贮冕弁处。清沿明旧,御用冠袍带履俱贮于殿内,每年六月六日,奏请晾晒。清圣祖仁皇帝御笔匾"执事"悬挂于端凝殿。

自鸣钟处 在端凝殿南,清顺治年间设,内悬圣祖仁皇帝御匾"敬天"。初为贮藏香、西洋钟表处,后沿称自鸣钟处,并收贮历代砚墨。属管理端凝殿人管理,列圣所御冠服、朝珠亦尊藏于此处。宫内每年向广储司领银5万两,交自鸣钟处库贮应用。

日精门 乾清宫东庑正中之屋宇式大门,东出。明永乐年间建,清沿明制,单檐歇山顶,面阔3间,明间辟门,单昂斗栱,门外即东一长街。

御药房 日精门之南,顺治十年(1653)设立,隶属总管内务府。房内悬圣祖仁皇帝御笔匾"药房""寿世"。内设有药王堂,亦称药王殿。御药房贮药400余种,设太监管理,并负责带领御医到各宫请脉、煎药和值宿等事。清代同治、光绪皇帝曾到此行礼。

祀孔处 御药房南,乾清宫东庑拐角处北,1室,内供奉至圣先师及先贤神位,每岁元旦至此行礼。悬高宗御笔匾"与天地参"。皇子六龄入学亦到此行礼。

乾清宫南庑

乾清门内东西两侧围房亦称乾清宫南庑,设有上书房、阿哥茶房、南书房,中间为乾清门,门西为宫殿监办事处、尚乘轿太监首领值房。俱北向。

上书房 为清代皇子、皇孙读书处。自顺治时就设有专门管理皇子读书的机构，康熙三十二年（1693）始称上书房，设在西华门内南薰殿西侧的长房等处。雍正初年，雍正皇帝为了便于监督皇子们的学习，将上书房移至乾清门内东侧的南庑，选择房屋5间为皇子读书处，房内墙上悬挂孔子画像，雍正皇帝还亲题联："立身以至诚为本，读书以明理为先"。上书房中，因挂有"前垂天贶""中天景运""后天不老"3匾而有"三天"之称。

上书房西侧有皇子休息饮茶的阿哥茶房，并派太监4名，负责供献祀孔处的香烛及上书房等处陈设、洒扫、坐更等事。

上书房自雍正初年迁至内廷，历经乾嘉道咸5朝。同治、光绪、宣统3朝因无皇子，上书房不再使用。

道光、咸丰帝驾崩后，新帝亦以此为守丧之所。

敬事房 乾清门西之3间为宫殿监办事处，亦称敬事房，清康熙十六年（1677）设。清顺治时曾名乾清宫执事，为总管太监办事之所。内悬挂康熙御书匾额"敬事房"。置总管、副总管，专司宫内一切事务，奏行谕旨及承办内务府各衙门一切文移。

南书房 亦称南斋，位于宫殿监办事处之西，北向。清初曾为圣祖皇帝读书处，康熙十六年（1677）设，选翰林等官员中才品兼优者入值，陪伴皇帝赋诗撰文，写字作画，名南书房。"非崇班贵檩、上所亲信者不得入。"康熙十六年（1677）命侍讲学士张英、内阁学士衔高士奇供奉内廷，为南书房入值之始。因其接近皇帝，故视为要地，获选入值者以为荣。后或代拟谕旨，或备咨询，或讲求学业。光绪二十四年（1898）撤销。

乾清宫西庑

即乾清宫西厢，与乾清宫东庑相对称，明永乐年间建，曾数次遭火焚毁，现为清代建筑。庑房为连檐通脊，黄琉璃瓦顶，坐落在1.1米高的台基之上，前檐出廊，后檐为半封护檐墙。北起3间为懋勤殿北房，南3间与东庑端凝殿相对为懋勤殿，又南3间为批本处，南为月华门，西出。门南为内奏事处，为尚乘轿，皆东向。

懋勤殿北房 位于乾清宫西庑之北端3间。此房文献中未见正式名称。其用途约为乾隆、嘉庆御制诗注中所指之"懋勤殿库"。因文献屡见懋勤殿贮大量文房四宝等物，以备御用或赏用，当贮此房中。现建筑完好，但室内原状无存。

懋勤殿 明嘉靖十四年（1535）建于乾清宫西庑，与东庑端凝殿相对之3间。明夏言拟额曰"懋勤"，取"懋学勤政"之义，用藏贮图史书籍。清沿明旧，凡图书翰墨之具皆贮于此，并为懋勤殿翰林侍值处。悬有乾隆御笔"基命宥密"匾。康熙皇帝冲龄时曾在此读书；每岁秋谳，凡死罪重犯，刑科覆奏本进上，皇帝御殿亲阅档册，亲自勾决，内阁大学士、学士及刑部堂官皆面承谕旨于此。

批本处 位于乾清宫西庑，懋勤殿南3间，初名红本房，乾隆时始改称批本处。凡内阁所拟例行之本章，由批本处接收，交内奏事处进呈，御览后，交批本处用满文缮写后，交内阁抄发。

月华门 乾清宫西庑正中屋宇式大门，西出，明永乐年间建，清沿明制。单檐歇山式顶，面阔3间，明间辟门，单昂斗栱，门外即西一长街，是乾清宫前庭出入养心殿、西六宫之主要门户。

内奏事处 位于乾清宫西庑，月华门南。明天启年间曾为大太监魏忠贤、王安值房。清为内奏事处，每日内外臣工所进奏章及呈递之膳牌，由外奏事官接入，交由内奏事太监进呈，得旨后，仍由此交出。

尚乘轿 位于内奏事处南，乾清宫西庑与南庑转角处，东接南书房。专司皇帝出入乘舆，承应请轿、随侍及御前坐更等事。

交泰殿

内廷后三宫之一，位于乾清宫和坤宁宫之间中轴线上。殿平面为方形，深、广各3间，单檐四角攒尖顶，覆黄色琉璃瓦，铜镀金宝顶。四面明间开门，三交六椀菱花龙凤群板槅扇门各4扇，南面次间为槛窗，其余3面次间砌墙。双昂五踩斗栱，四角科施附角斗鸳鸯交臂栱。殿内外梁枋均施龙凤和玺彩画。殿内顶部正中1间为藻井，结构繁复，饰以赤、库两色金，中盘龙衔珠，地面铺墁金砖。明间设皇后宝座，上悬康熙帝御书"无为"匾，两楹为乾隆帝御书联曰"恒久咸和，迓天休而滋至；关雎麟趾，立王化之始基"。宝座后板屏上书乾隆帝御制《交泰殿铭》。殿内东次间设铜壶滴漏，西次间设大自鸣钟。

此殿建于明初，始建时间不详，嘉靖年间重修。清顺治十二年（1655）、康熙八年（1669）重修。嘉庆二年（1797）乾清宫失火，殃及此殿，是年重建。

交泰殿

清世祖所立"内宫不许干预政事"铁牌曾立于此殿。

皇帝大婚时，皇后的册、宝安设殿内左右案上。

交泰殿为皇后千秋节受庆贺礼的地方。每年春季祀先蚕，皇后先一日在此查阅采桑的用具。

清代，二十五宝玺密藏于此殿中，装置宝玺的宝盝为两重，木质，外罩黄缎绣龙纹罩，分列于御座左右。

皇帝发布诏书、敕谕等，都要钤用相应的宝玺。每年岁末封宝，正月，由钦天监选择吉日吉时，设案开封陈宝，皇帝来此拈香行礼。

铜壶滴漏　交泰殿东间所置滴水计时器。清乾隆年制。重檐方亭，连座通高1丈8尺（576厘米），南向，上中下三层各安放铜质播水壶1只，上曰"日天壶"，面宽1尺9寸（60.8厘米），底宽1尺3寸（41.6厘米），高1尺7寸（56.4厘米），水常满，中曰"夜天壶"稍前，次曰"平水壶"亦稍前，形质相同，尺寸递减1寸。平水壶后稍下有分水壶，制如上，又有受水壶，圆形，置架前地平上，曰"万水壶"，径1尺4寸（44.8厘米），高3尺1寸（99.2厘米），壶皆有盖。播水壶前面下方皆有龙口，滴水依次漏于受水壶。平水壶后面上方有穿孔，泄水于分水壶，以保水平漏。受水壶上为铜人抱箭，长3尺1寸（99.2厘米），镌两昼夜时刻，上起午正，下尽午初。壶中安箭舟如铜鼓形，水涨舟浮，箭则出，水盈箭尽，水则泄出。乾隆以后以大自鸣钟代替报时而不再使用。此器物至今保存完好。

大自鸣钟 交泰殿西间陈设的机械制动的报时器。明代万历时制，清嘉庆二年（1797）毁于火，次年宫廷造办处重造。楼阁型，通高1丈7尺4寸（556.8厘米），分上中下3层，周以雕刻蕃莲花，黑漆描金。一层为柜形，高8尺4寸（269厘米），宽3尺（96厘米），横4尺3寸5分（139厘米），背面有两扇门，内有三组机轮，中一组连时刻钟，左一组击钟报时，右一组击钟报刻，一时一鸣，一刻一响。第二层面东为标刻罗马数字的表盘，背面亦有门。第三层为楼顶。楼后有梯，启钥上弦，需蹑梯上至二层。每月上弦一次。数十年无差。钟声远可达乾清门。乾隆年后宫内时间以此为准。

交泰殿台下小房 交泰殿东西阶下左右小房，共4座，各5间，开两门，一坡水卷棚硬山顶，黄琉璃瓦。后檐墙紧贴台基，通高约3米，外檐装修为板门、直棂窗，为后三宫中体量、等级最低之建筑。亦称值房，为太监值侍之所。

坤宁宫

内廷后三宫之一，位于交泰殿后，紫禁城中轴线上，明代皇后的寝宫。始建于明永乐十八年（1420），正德九年（1514）、万历二十四年（1596）两次毁于火，万历三十三年（1605）重建。明代皇后居住在坤宁宫，皇后主内廷统摄六宫。坤宁宫为内廷的中宫，建筑规模也在六宫之上。清沿明制于顺治二年（1645）重修，十二年（1655）仿沈阳盛京清宁宫规制重修。嘉庆二年（1797）乾清宫失火，延烧此殿前檐，嘉庆三年（1798）重修。

宫南向，面阔9间，进深3间，重檐庑殿顶，覆黄琉璃瓦，上下檐均为双昂五踩斗栱，梁枋均饰龙凤和玺彩画。前檐明代明间开门，清顺治年重修改为东次间辟板门，明间、西次间、东西梢间、次梢间原菱花槅扇窗改为直棂吊搭窗。室内明间、东西次间、西梢间通为一体，减去前檐金柱，为减柱造型式。明间以西，南、西、北三面环大炕，亦称蔓枝炕、万字炕，此4间为萨满祭祀场所。东梢间、次梢间通为一室，称暖阁，为清代皇帝大婚之洞房。与门相对的后檐单隔一室，内设锅灶，为萨满祭祀时杀牲煮肉之用。灶间设菱花槅扇门，浑金毗卢罩。西次梢间无门，为存贮祭祀用具的密室，出入走窗户。东西尽间为夹道，前后檐各设双交四椀菱花云盘线群板槅扇门2道。后檐明间、东西次间设槅扇，梢间、次梢间为吊搭窗。

宫前月台两侧摆砌黄绿相间琉璃砖灯笼槛墙。殿之东为东暖殿，西为西暖殿。穿两夹道至宫后，北出坤宁门为御花园。

坤宁宫之洞房

　　清顺治十三年（1656），顺治皇帝、皇后移居乾清宫和坤宁宫，这里是宫中祭萨满的主体场所。而清帝大婚合卺宴也在此宫举行。康熙四年（1665），康熙帝大婚时，太皇太后指定大婚在坤宁宫举行合卺礼，大婚洞房选在东梢间、次梢间，大婚以后仍回保和殿居住。清雍正帝即位后移居养心殿，皇后亦不在坤宁宫居住，此后，坤宁宫即作为专供宫中萨满教祭神场所及皇帝大婚的洞房。

　　坤宁宫东暖阁　坤宁宫东梢间、次梢间相连的房间，清顺治十二年（1655）重修坤宁宫时所改，康熙帝大婚时辟为洞房，后相沿，因称坤宁宫洞房。内前檐通为大炕，后檐两间各有落地花罩，西间为喜床，东间为宝座，乾隆八年（1743）于两间之上添建仙楼。西墙有门，内设屏门，外通坤宁宫祭神处，东墙辟门，外设屏门，通东夹道。清代只有康熙、同治、光绪三个皇帝大婚时暂住于此，清逊帝溥仪大婚在此举行。

　　坤宁宫东、西暖殿　位于坤宁宫东西两侧，各面南3间，单檐歇山，覆黄琉璃瓦。明间开门，东暖殿东有耳房两间，西暖殿西有耳房两间，各有院墙自成一体。前各有门通坤宁宫，东有永祥门，西有增瑞门，通东西长街。清代康熙三十六年（1697）建，为皇后暂憩之所。

坤宁宫东庑　连门共 26 间，东出 3 门通东一长街，从南至北依次为景和门、永祥门、基化门。庑房前檐装修为步步锦、方格等形式，后檐为半封护檐。清晚期寿膳房曾设于此。

景和门　坤宁宫东庑之门。明代所设，清沿明制。3 间，单檐歇山顶，单昂斗栱。明间脊檩中柱安装双扇宫门，设门房于门洞之内左右。正面檐墙不设槛窗，背面为方格槛窗，均为值房。

寿膳房　位于坤宁宫东庑景和门北，3 间，外檐装修与寿药房同。

永祥门　坤宁宫东暖殿通东一长街之随墙小门，明代已有，万历二十五年（1597）始称此名。门占 1 间房屋的三分之二，不在中央，另三分之一为隔火墙，是正宫通向东路的安全出口。

坤宁宫祭萨满处

基化门 坤宁宫后东庑通东一长街之门。明代已有，清沿明制。门1间，脊檩中柱安装双扇宫门，不单设门楼。

坤宁宫西庑 坤宁宫西庑房，连门共26间，通西一长街3门为隆福门、增瑞门、端则门，外檐装修及后檐均与东庑同，清代寿药房、御茶房、太医值房曾设于此。

隆福门 坤宁宫西庑之门。明代所设，初名龙德门，后改今名，清沿明制。门3间，单檐歇山式顶，单昂斗栱，明间脊檩中柱安装双扇宫门。两次间正面为檐墙，后面槛墙方格槛窗，有墙与明间相隔，为门房，两侧有门，均为值房。

御茶房 位于坤宁宫西庑，隆福门北，3间，东与寿膳房相对，外檐装修与寿膳房同。

增瑞门 坤宁宫西暖殿通西一长街之随墙小门，明代已有，万历二十五年（1597）始称此名。门占一间房屋的三分之二，板门双扇，不设门钉，不在中央，另三分之一为隔火墙，是正宫通向西路的安全出口。

端则门 坤宁宫后西庑通西一长街之门。明代已有，清沿明制。门1间，脊檩中柱安装双扇宫门，不单设门楼。

寿药房 御用药房。位于坤宁宫西庑，端则门南，3间。中1间开风门，步步锦格心，左右

端则门

各1支摘窗，两次间为支摘窗，上为方格支窗，下为玻璃方窗，共8扇。

太医值房 位于坤宁宫西庑，端则门北，3间，中1间开风门，两次间为槛窗，外檐装修与寿药房同，为清宫太医侍值之所。

坤宁门

坤宁宫后台阶之正中面北之门。明初设坤宁门于御花园钦安殿北，即现存之顺贞门处。明嘉靖十四年（1535），将坤宁宫后北围廊正中广运门改建后称坤宁门，北通御花园。清沿明旧，于顺治十二年（1655）重修。门3间，单檐歇山式顶，覆黄琉璃瓦。明间设门，中1间安装宫门两扇。两次间隔为值房，后檐设两抹头方格槛窗，中配方格风窗，前檐为墙。门面北，两侧山墙斜出八字琉璃影壁，为后添接。两侧接坤宁宫东西庑房。是后三宫通往御花园的正门。

明代坤宁宫后北围廊匾名"游艺斋"，崇祯五年（1632）悬安。此匾早已无存。

坤宁门东庑 坤宁门东侧之庑房，俗名东板房，坐北朝南共9间，亦称九间房，连檐通脊，覆黄琉璃瓦。3间为1组，前檐自西数第2、5、8间为步步锦风门，其余间设槛墙，步步锦支窗。后檐为封护檐墙。前檐东6间前有矮垣相围，自成一院，白墙灰瓦。清代为值宿太监居住之所。

坤宁门西庑 坤宁门西侧之庑房，俗名西板房，坐北朝南。

共9间,亦称九间房,连檐通脊,黄琉璃瓦顶,制同坤宁门东侧庑房。中三间有矮垣相围成院,清代曾为总管太监居住之所,有匾曰"静憩轩"。

御花园

御花园位于紫禁城中轴线上,坤宁宫后方,明代称为"宫后苑",清代称御花园。始建于明永乐十八年(1420),景泰六年(1455)扩建,万历年间曾有增修,是宫中规模最大的一座花园。东西宽130米,南北长90米,占地面积约12 000平方米。园内建筑经明代嘉靖、万历,清代雍正、乾隆等时期的改建或添建,已有亭、台、楼、阁、轩、馆、斋、堂20余座,占全园面积的

御花园

三分之一。建筑精巧多变化，以位于中轴线上的钦安殿为中心左右对称布置。殿的东北为堆秀山，山的东侧为摛藻堂、凝香亭，南侧为浮碧亭、万春亭、绛雪轩；殿的西北与堆秀山相对称者为延晖阁，阁西为位育斋、玉翠亭，南为澄瑞亭、千秋亭、养性斋；园中奇石百怪，古树成荫，树龄皆数百年。

园内甬路方砖铺砌，两侧以卵石构图900余幅，饰以人物、花卉、景物、戏剧、典故等。

园开4门，南门坤宁门与坤宁宫相通，东南角、西南角有琼苑东门和琼苑西门，通往东西六宫；北面中轴线上的正门，门内设3门相围，西为集福门，东为延和门，正面为承光门，北宫墙的顺贞门，与神武门相对，是内廷出入的重要门户，无故禁止开行。皇后及内廷人员出入宫廷多走此门。

御花园是明清两代帝后小憩的御苑，清代选秀女也曾在御花园里进行。

钦安殿 钦安殿位于御花园正中，南北中轴线上。始建于明初，嘉靖十四年（1535）添建墙垣后自成格局。清乾隆年间在前檐接盖抱厦5间。

钦安殿坐落在汉白玉石单层须弥座上，南向，面阔5间，进深3间，重檐盝顶，中置鎏金宝顶，覆黄琉璃瓦。明间、东西次间开槅扇门，每间4扇，三交六椀橄榄球纹菱花，素群板。东西梢间，两山面皆为槛墙，菱花与门同，前檐每间4扇，山面每间两扇。殿前出月台，周以穿花龙纹汉白玉石栏杆，龙凤望柱头，唯殿后正中一块栏板为双龙戏水纹。月台前出丹陛，东西两侧各

钦安殿

出台阶。殿前阶下左右为白皮松。院内东南陈焚帛炉,西南置夹杆石,雕刻鱼、虾、龟、蟹、水怪、海水等图案。以北各有香亭1座。殿前院墙正中之门,曰"天一门",东西墙有随墙小门,连通花园。

天一门,南向,明代嘉靖十四年(1535)添建钦安殿院墙时所建,明称"天一之门",取义"天一生水"以避火灾。青砖单孔券门洞,双扇宫门,歇山式琉璃瓦顶,左右琉璃槛墙接院墙,门外左右列铜鎏金獬豸各一,前有供观赏的奇石,东面一块为含砾瑛砂岩石,形似海参,称"海参石";西面一块,有似人面北作拜的彩纹,传称"孔明拜北斗"石,门前神路正中置铜香炉。天一门内迎面有一古柏,树基部被劈开,犹如"人"字,称"人字柏"。

钦安殿内供奉玄天上帝。殿内共设大小神龛14座,供奉玄天上帝、伏魔大帝及春、夏、秋、冬四令神牌;纵神32尊,分列于玄天上帝及伏魔大帝两侧；经书以及各种供器等摆满殿堂。清朝每年元旦于天一门内设斗坛，皇帝在此拈香行礼。每遇年节，钦安殿设道场，道官设醮进表。钦安殿事务由太监道士管理。清宫在每年立春、立夏、立秋、立冬日，都要在钦安殿设道场，架起供案，皇帝亲自到神牌前拈香行礼，"天祭"日也要在此设醮进表，祀天保佑。

堆秀山 位于御花园内钦安殿东北，明初此处有观花殿。明万历十一年（1583）拆去观花殿，在原址上依北宫墙叠石堆成的假山，高约10米，南面正中有石洞，内为砖砌穹隆式石雕蟠龙藻井，洞门满汉文额曰"堆秀"，左侧湖石1块，上镌清乾隆帝御笔"云根"。洞之两侧山凹处各设1座喷泉石兽，山上左右暗设铜缸4口，以管相连，缸中注水下流至石兽口中喷出，为宫中现存仅有的水法。山两侧各有蹬道。沿蹬道拾级而上可达山顶御景亭。

堆秀山御景亭

御景亭 平面方形，四柱，一斗二升交蔴叶斗栱，攒尖顶，上覆翠绿琉璃瓦，黄色琉璃瓦剪边，鎏金宝顶，四面设槅扇门。四周围绕着汉白玉石栏板。亭内天花藻井，面南设宝座。御景亭是皇帝、皇后在农历九月初九重阳节登高的地方。自亭上可俯瞰宫苑，紫禁城、景山、西苑，尽在眼中。远眺，西山诸景点亦历历在目。

摛藻堂 位于御花园内堆秀山东侧，依墙面南，硬山顶，覆黄琉璃瓦，面阔5间，前檐出廊，明间开门，灯笼框菱花槅扇门4扇，次间、梢间灯笼框支窗，下为玻璃方窗。堂内西墙辟一小门，通西耳房。西耳房冰裂纹支摘窗。堂正中摆设嵌玉花屏风，上悬乾隆皇帝御笔额曰"摛藻抒华"。两旁有联曰"庭饶芳毯铺生意，座有芸编结古欢"。西室门外联曰"从来多古意，可以赋新诗"。堂前临池碧水，藏于浮碧亭后，环境幽雅宁静。

摛藻堂向为藏秘籍之所，以经史子集四部分置，以备临憩阅

摛藻堂

览，供随时翻阅。乾隆三十八年（1773）命汇集四库全书，复命择其尤精者录为荟要。

乾隆四十三年（1778），依照《四库全书》式样缮写的《四库全书荟要》完成，四十四年（1779）收贮于摛藻堂，陈列于32架。《四库全书荟要》一共完成两部，第一部存于摛藻堂，第二部存于圆明园内长春园的味腴书室。咸丰十年（1860）英法联合侵略军火烧圆明园时，藏于味腴书室的一部被焚毁。

收贮于摛藻堂的一部，钤有"摛藻堂印"的《四库全书荟要》，民国年间因避日本侵华战火南迁，抗战胜利后北归，方至上海又被国民党政府运走，现藏台北故宫博物院。

浮碧亭藻井

浮碧亭　摛藻堂南有亭曰"浮碧"，位于水池正中拱券形石桥之上，明万历十一年（1583）建，为四角攒尖方亭，覆绿色琉璃瓦，黄色琉璃瓦剪边。琉璃宝顶，四面各3间，方柱，周以白石栏板，蕉叶形望柱头，亭南北各出阶，南前檐接抱厦3间，与澄瑞亭制同。亭内百花图案天花，中有双龙戏珠藻井，苏式彩画。

万春亭　浮碧亭南有亭曰"万春"，明初建，明嘉靖十二年（1533）改建。亭四面，每面3间，明间出抱厦，周以汉白玉石栏杆，四面开门，各出阶。重檐，下层随抱厦出檐，上层为伞状攒尖圆顶，亦称"一把伞"，顶置彩色琉璃葫芦形宝顶，上覆以鎏金伞盖。

万春亭

外檐装修三交六椀艾叶菱花槅扇门窗。亭内天花板绘双凤，盘龙藻井。

清代亭内曾供关帝像。

御花园东井亭 位于天一门外东侧，万春亭前西侧。平面方形，面阔1.94米，四角攒尖八方盝顶，覆黄琉璃瓦。珠红四柱，覆莲雕花柱础，白石雕栏板云龙望柱头。檐下饰花草枋心苏式彩画。亭中有井，井口石上覆石盖板。

绛雪轩 位于御花园东南，依园之东垣墙而建，西向，面阔5间，进深1间，硬山顶，覆黄琉璃瓦，前接抱厦3间，卷棚歇山顶，平面呈"凸"字形。明间开门，次间、梢间槛窗，上为福寿万字支窗，下为大玻璃方窗。门窗为楠木本色不加油饰，柱、框、梁、枋饰斑竹纹彩画。乾隆年间，轩北山接耳房1间。

轩前有琉璃花坛一座，五彩琉璃须弥座，饰以西番莲及龙纹。

须弥座上置汉白玉石上枋,翠绿色栏板与绛紫色望柱相间环绕花坛一周。坛内叠石成山,植牡丹等花木。

轩前初植海棠树,每当春天蓓蕾初开,似红雪挂满枝头,故名绛雪。晚清时,慈禧太后命移种太平花。初夏花开,清香淡雅。

花坛前陈设之木化石柱,铁褐色,上刻乾隆皇帝御题。

延晖阁 于御花园内钦安殿西北,东与堆秀山相望。明代建,初曰清望阁,清改今名。阁面南两层,卷棚歇山顶,覆黄琉璃瓦。下层面阔3间,进深1间,前檐明间开门,灯笼框槅扇门6扇,两次间为灯笼框槛窗。上层高出后宫墙,四面出回廊,亦为灯笼框槅扇门、槛窗。下层东次间内设楼梯,可通上下。

延晖阁高居于宫墙,可供于园中登临远眺。清代皇帝留有登此阁吟咏的诗句。

延晖阁

阁前松柏数株，为明代所植。

位育斋 延晖阁西侧有房5间，明代建，初名对育轩，嘉靖年间曾更名玉芳轩，清改称位育斋。斋依墙面南，硬山顶，覆黄琉璃瓦。明间中开风门，左右为槅扇，两次间为支摘窗，上为步步锦纹支窗，下为方玻璃窗。

清雍正时此斋改为佛堂，供观音一尊，韦驮一尊，关夫子一尊。

澄瑞亭 位育斋南有鱼池一座，中跨单券拱石桥，明代在桥上建有一亭，名曰"澄瑞"。亭平面方形三开间，通面阔约8米，四角攒尖顶，上安琉璃宝顶；前抱厦三间，三面开敞；方亭与抱厦覆绿琉璃瓦黄剪边，一斗二升交蔴叶斗栱，檐枋下安华板。亭东西两侧的石雕栏板，亦为桥的栏板，蕉叶纹望柱头。南北两面设踏步，作为亭的进出口，方亭内为金龙图案井口天花，正中有双龙戏珠八方藻井，檐下龙锦彩画。

亭建于明万历十一年（1583）或之前，据《明宫史》载，万历十一年（1583）修宫后苑，园中有"东西鱼池，池上二亭，左曰浮碧，右曰澄瑞"。池中有芙蓉游鱼。雍正十年（1732）于前檐添建抱厦，四面装护墙板开门窗，内设斗坛，此种形制和使用一直沿用至清末。

澄瑞亭

1965年将澄瑞亭四面装护墙板拆去，保留抱厦的形式。

千秋亭 澄瑞亭南千秋亭，明初建，明嘉靖十二年（1533）改建。清咸丰八年（1858）毁于火。同治十一年（1872）重建。

亭四面，每面3间，明间出抱厦，周以汉白玉石栏杆，四面开门，各出阶。重檐两层，下层随抱厦出檐，上层为伞状攒尖圆形，亦称"一把伞"，覆黄色琉璃瓦。彩色琉璃瓦葫芦形宝顶，上覆鎏金伞盖。外檐装修三交六椀艾叶菱花槅扇门窗。亭内天花板绘双凤，盘龙藻井。

清穆宗神牌曾供奉于此。

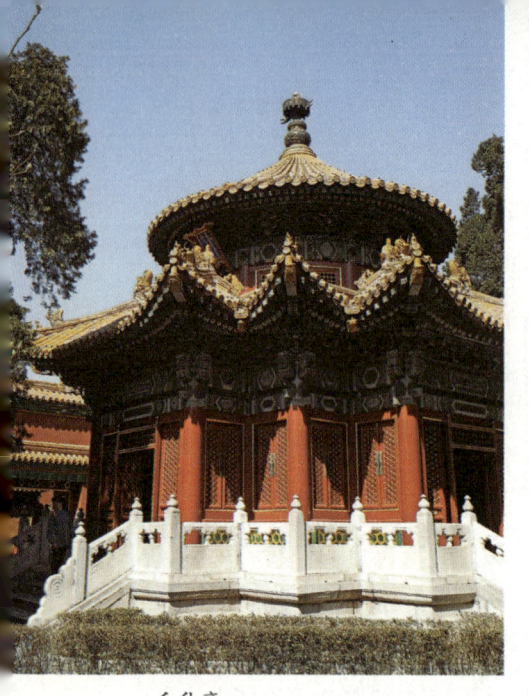

千秋亭

御花园西井亭 千秋亭的东侧有一亭，平面方形，顶为八方盝顶，上安4对合角吻。面阔1间，1.94米。亭中有井，周围有泄水沟漕，珠红色四柱，檐下海漫斑竹彩画，白石雕栏板，云龙望柱头，周围绕以石雕栏板。

井亭盝顶开洞正对井口，可纳光。亭中横架一长木，上留有滑轮，为利用机械工具打水的遗迹。井现已干涸。

四神祠 延晖阁南有"四神祠"，明代嘉靖十五年（1536）建。由一座八角形亭子前接卷棚歇山顶抱厦组成，周围出廊，八方攒尖顶覆黄琉璃瓦，上置黄琉璃瓦宝顶。梁枋绘金线大点金龙锦旋子彩画，天花板绘锦纹支条缠枝莲天花。青砖槛墙，斜格槛窗，步步锦风门。廊下设坐凳栏杆，上用华板。

四神祠是供奉四神的地方。亭内靠南墙砌砖台，上供安神牌，面北。

四神说法不一，或称道教所说的青龙、白虎、朱雀、玄武四方之神，或为主风、云、雷、雨之神。亭制八方，似仿道教八卦。

养性斋 养性斋位于御花园西南，始建于明代，称乐志斋，清代改今名。平面呈"凹"字形，覆黄琉璃瓦，转角庑殿顶，上层前檐出廊，下层东面明间开门，次间及南北转角3间均为支摘窗。

斋原为7间，坐西面东。清乾隆十九年（1754）改建为转角楼，时建楼13间，大小月台两座，镶墁花斑石，安砌汉白玉石栏板柱子十六堂，油饰彩画，糊裱，堆砌山石点景等，用琉璃瓦料、木料、铜锡、绫绢等料及发给各作匠夫工料银，合计1万余两。嘉庆二十年（1815）重修，挑牮拨正，拆修廊檐，改修内外檐装修，拆修楼前月台一座，台面改墁金砖，楼座外檐油画，内里糊饰。楼上正中悬康熙帝御笔匾"飞龙在天"。楼下正中悬匾"居敬存诚"，北楼下东向悬匾曰"悦心颐神"。斋前叠石环抱，曾有曲流馆，后拆除。清嘉庆、道光两帝时常来此斋。逊帝溥仪的英文教师庄士敦曾在此居住。

明代御花园中有曲流馆，有渠水，明初修建。据乾隆年间勘修，养性斋前曾有渠水，水道已堵塞，今无存。

御花园东北、西北隅各有小亭一座，曰"玉翠""凝香"，明嘉靖十五年（1536）建，初名"毓翠""金香"。万历十九年（1591）后重建。

亭方形，四面各一间，四角攒尖顶，覆黄、蓝、绿三色相间琉璃瓦，为宫中所仅有。柱间设坐凳栏杆，天花板绘五彩百花。疑此亭为后来移至现在位置，待考。

顺贞门 御花园之北门，位于紫禁城中轴线上。始建于明初，原称坤宁门。明嘉靖十四年（1535）改称今名。

门为随墙琉璃花门，3座，安双扇实榻大门。三间七楼牌楼式的琉璃贴面，垂莲柱。

门外东西长街，隔街与神武门相对。门内南曰承光门，东接延和门，西接集福门，3座牌楼式门间以矮墙相连，在顺贞门内围合成一座独立的院落。承光门前为钦安殿后院墙，门前左右列鎏金铜卧像各一。

顺贞门

顺贞门是内廷通往神武门之主要通道，无故禁开。皇后往西苑祭先蚕、寿皇殿行礼、赴园（圆明园）等进出宫，均出入此门。皇帝有时亦出入此门。后宫亲族中女眷奉旨会亲于此。明代宫人遇病故，出右旁之门。清代选秀女亦走此门。

神武门

神武门位于紫禁城中轴线的北端，建于明永乐十八年（1420），称玄武门。清代因避康熙皇帝玄烨之讳改称神武门，乾隆二十六年（1761）曾有修缮。

神武门由城台和城楼两部分组成。城台辟有三座洞门，城台东西两侧各设两段转折而上的马道。城楼面阔5间，周围出廊，上覆黄琉璃瓦重檐庑殿顶。前后檐明间与次间安菱花槅扇门，梢间为盲窗，只在墙体贴砖表面上雕出菱花槛窗形式。东西两山正中设实榻大门，两侧仍为盲窗。

明代曾在神武门（当时称玄武门）外设内市，凡宣德铜器（如宣德炉）、成化瓷器、永乐年间果园厂所制各色漆器、景泰年间所制珐琅器等奇珍异宝应有尽有。

神武门上设有钟鼓，明属钟鼓司，清隶属銮仪卫掌管，派人鸣钟击鼓，钦天监每日派博士一员在神武门值守，指示督察报时

神武门

准确无误。皇帝居宫中时则只打更而不鸣钟。

神武门迫近内廷生活区，是日常出入频繁的大门。清朝皇帝往圆明园等处园囿、皇后祭先蚕坛亲蚕进出神武门，妃嫔、官吏、侍卫、太监、工匠等亦走神武门侧门或东西华门侧门。此外，清宫选秀女由神武门进宫。

清代规定，每三年引选一次八旗秀女，但实际并不按期举行，而视需要而定。凡选中的秀女除做皇帝嫔妃外，也指配给近支宗室。凡参选者，在遴选前一日坐车内排定，在神武门外等候。待次日神武门开启后，依次下车入神武门至顺贞门外恭候，然后由太监领入御花园内延晖阁前候选。每5人为一班，应选时垂手站立，合意者即留下名牌，择日复看，决定中选与否。

神武门虽使用频繁，但也不得擅入。嘉庆四年（1799），嘉庆帝除和珅，罗列和珅20大罪状，其中之一就是和珅乘肩舆直入神武门。

嘉庆八年（1803），在神武门发生陈德刺嘉庆帝一案。是年闰二月二十二日为嘉庆帝亲耕籍田日，嘉庆帝于二十日自圆明园回宫斋戒，当乘舆进神武门后将进顺贞门时，陈德突然由西大房后跑出，手持小刀向乘舆冲去。乘舆速进顺贞门，御前大臣定亲王绵恩首先夺刀推却，衣服被扎破，另有御前侍卫、乾清门侍卫等6人上前将其擒获，乾清门侍卫丹巴多尔济被扎伤三处，其余人则袖手旁观，未敢上前。陈德被严刑逼供，最后凌迟处死。

辛亥革命以后，以溥仪为首的逊清皇室仍居皇宫内廷。1924年10月，冯玉祥发动"北京政变"，成立"中华民国临时执政府"。

11月4日，临时执政府摄政内阁会议议决修正《清室优待条件》，责令清室立即移出皇宫。11月5日下午，溥仪、婉容、文绣等由神武门走出皇宫乘汽车到达后海醇王府，即溥仪生父载沣家中。

1925年10月10日，故宫博物院成立。1930年神武门城台上方外侧嵌装李煜瀛书写的"故宫博物院"石匾。1971年，石匾改用郭沫若题字。

神武门内东西相向各有值房五间，悬山顶，覆黑琉璃瓦。其后沿紫禁城城墙建有连檐通脊长房，为内廷值宿及库房。向东抵紫禁城内东北隅，有房曰兆祥所；向西抵紫禁城内西北隅，建有祀马神所、紫禁城城隍庙等。

兆祥所 位于紫禁城内东北隅，宁寿宫区北宫墙之外，清初康熙时此地原为宁寿宫区内，乾隆年改建宁寿宫区时将此地划出，另建房屋一组。整组建筑有大门3间，灰瓦顶，房数间，初为皇子所居，后兼做遇喜处，设首领、太监等，专司洒扫、洁净地面等事。现建筑完好。

城隍庙 位于紫禁城西北隅，清雍正四年（1726）敕建。庙内有山门、庙门、正殿、配殿10余座，共房30余间，祀紫禁城城隍之神。山门1座3间。门外东墙坐西向东辟琉璃院门1座，为进出之重要门户。山门内庙门1座3间，硬山顶，覆琉璃瓦，中为穿堂，有甬路与正殿月台相连。庙门陈设纸戳灯、铁焚化炉、铁小焚纸炉、瓢牲桶、三牲匣等。东西有配殿各3间，硬山灰瓦顶。正殿5间，坐北朝南，硬山顶，覆黄琉璃瓦。东西配殿各3间，硬山灰瓦顶。正殿内陈设分上下两层：上层设正龛，内供城隍神，左右两边分列城隍之配神6尊。另有铜海灯、铜烧古香炉、铜烧古花瓶、贴金木花瓶、铜香盘、经卷、笾、豆等供器及供品。下层设从神4尊，亦紫禁城城隍之配神。另有铜炉、纸戳灯等供器。

庙内定期设道场，每年三月、九月、十月、十二月供用玉堂春富贵花一对，朔望供素菜。岁以万寿节并秋季遣官致祭。据《大清会典》规定，每年祭紫禁城城隍之神两次，万寿圣节及秋季选择吉日由皇帝钦点内务府大臣致祭。万寿节行告祭礼，秋季行常祝礼。每年万寿节及秋季祭神期间还要请大光明殿道士举办道场3日，以示对城隍神之尊崇。道光二十五年（1845）停止。光绪十年（1884）议定，每年十月初十慈禧皇太后万寿节遣官致祭。庙堂内陈设现已撤出。

祀马神所 城隍庙东，有马神房。乾隆二十六年（1761）谕旨每年春秋二祀，着派内务府大臣1员考察，上驷院卿员1人前往。春秋祀马神，明制属太仆寺，清制属上驷院。清嘉庆十三年（1808）奉旨，坤宁宫萨满等每日轮流前往马神房演习读念祷词，内务府大臣等轮流前往听其读念。所今无存。

东西两翼建筑群

文华殿区

文华殿为明清两代皇帝经筵讲学之地，位于太和门东侧的协和门外，左有传心殿，后为文渊阁。前与内阁大堂相对，东南为内阁大库，再东为銮仪卫内銮驾库。文渊阁后为上驷院，西北有箭亭。传心殿以东为会典馆和国史馆，北有撷芳殿、太医院、御药库。文华殿在初建时，用作皇太子摄事之地，屋顶覆绿色琉璃瓦。嘉靖十五年（1536），改为皇帝经筵典礼之地，亦为皇帝常御之便殿，屋顶也随之改易黄色琉璃瓦。明末，文华殿被毁。清康熙二十二年（1683）依旧制重建，二十四年（1685）又在其东侧增建传心殿，为经筵典礼前祭祀之所。乾隆三十九年（1774），为存储《四库全书》，又在文华殿后添建文渊阁。

文华殿　外朝三大殿左右两翼，有文华殿和武英殿两组建筑，形成前三殿一区的左辅右弼。

文华殿位于三大殿一区协和门外，临近东华门。四周绕以红色围墙，东西最宽处90米，南北最长处近140米，呈长方形但不尽规则。前为文华门，正殿即文华殿，后有主敬殿，再后为文

文华门

渊阁。文华殿左右有配殿，为典型的宫殿格局。东侧有跨院，东西约 25 米，南北约 100 米，使文华殿一组建筑在平面上略呈曲尺形。跨院南为治牲所，北面有景行门，正殿为传心殿，后有神厨和祝版房。

文华门坐落在高 1.5 米的砖石台基之上，面阔 5 间，进深 3 间，黄琉璃瓦单檐歇山顶，梁枋绘以金龙和玺彩画，脊步安大门三槽。

文华门后有甬道直抵文华殿。文华殿面阔 5 间，进深 3 间，黄琉璃瓦单檐歇山顶，梁架施以金龙和玺彩画。文华殿后为主敬殿，与文华殿坐落在同一高 1.5 米的台基之上。主敬殿形制大体同文华殿，但进深略浅，尺度也略为减小。

东配殿名本仁殿，西配殿名集义殿，均为面阔 5 间、黄琉璃瓦悬山顶的建筑，施以金龙和玺彩画。

主敬殿后为一横向庭院，院中开凿一方形水池，正中跨一南北向石桥，桥北即文渊阁。阁后一脉湖石叠山，洞壑相连，绵延不断。院内遍植松柏，路径铺以卵石，营造出幽雅宁静的园林气氛。

文渊阁仿浙江宁波天一阁而建。面阔6间，通面阔34.7米，进深连廊5间，通进深17.4米。黑琉璃瓦歇山顶，绿色琉璃剪边，跑龙脊。彩画为"河马负图""翰墨册卷"等题材的苏式彩画，以冷色调为主，沉静而无火气，与宫内多数殿宇不同。

文渊阁东有一方形碑亭，黄琉璃瓦盝顶，汉文脊。形制较为奇特。亭内有乾隆皇帝撰写的《文渊阁记》石碑。

传心殿院东西两侧偏南各开一角门，西通文华殿前庭院，东通往传心殿院外。治牲所坐南朝北，面阔5间，黄琉璃瓦硬山顶，龙锦枋心旋子彩画。景行门面阔3间，为穿堂门形式。黄琉璃瓦悬山顶，龙锦枋心旋子彩画。门前偏东为大庖井，当时井水清甜甘洌，名冠京师，有"玉泉第一，大庖第二"之说。井上覆以黄琉璃瓦悬山盝顶井亭。顺治八年（1651）规定，每年十月于大庖井前祭司井之神。

传心殿面阔5间，黄琉璃瓦硬山顶，龙锦枋心旋子彩画。殿后偏西为祝版房，面阔3间，黄琉璃瓦硬山顶，一字枋心旋子彩画。神厨位于传心殿后偏东转而向北，为转角房形式，平面呈曲尺形。覆黄琉璃瓦，硬山顶，梁枋施以一字枋心旋子彩画。

文华殿始建于明永乐十八年（1420），制为东宫皇太子视事之所。初为皇帝常御之便殿，后用为经筵之所，天顺、成化两朝曾是皇太子摄事之所。原为绿琉璃瓦顶，嘉靖十五年（1536）改易为黄瓦，仍为经筵之所。嘉靖十七年（1538），又建圣济殿于文华殿后，以祀先医。另有精一堂、九五斋、玉食馆等，位于文华殿周围，九五斋之西室名恭默室，室北壁绘河图、东壁绘洛书、西壁绘凤鸣朝阳图。文华殿西北为省愆居，其底用木构成通透之基，高3尺余，不令墙壁至地，四周亦不与别处接。凡遇灾眚，皇帝居此以示修省。

文华殿东室供奉伏羲、神农、轩辕、尧、舜、禹、汤、文、武九圣小龛于北墙，左右东西向为周公、孔子二龛。每年春秋两季经筵开讲前一日，皇帝至此行奠告礼。

明代殿试后，内阁大学士、学士详定试卷，于次日赴文华殿，由内阁官将第一甲三卷进呈皇帝钦定名次，并将二甲、三甲姓名填写黄榜。又次日早同赴华盖殿，依次拆卷，将姓名籍贯面奏皇帝，司礼监官授制诰房官填榜毕，开写传胪帖子。内阁官捧黄榜至奉天殿授礼部尚书，制诰房官将帖子授鸿胪寺传胪。

文华殿牌匾

崇祯十七年（1644），李自成农民军攻入北京，推翻明王朝。清军入关，李自成西遁，文华殿亦被火毁。清顺治十二年(1655)冬，顺治帝召日讲官五人进讲。顺治十四年（1657）九月初七，始开经筵。因文华殿未及修复，经筵于保和殿举行，事先皇帝到弘德殿行祭先师孔子之礼。

康熙二十二年（1683），重建文华殿。康熙二十四年（1685），规建传心殿。康熙二十五年（1686）二月，文华殿工成。同年，设孔子位于传心殿。新建成的文华殿布局规整，前为文华门，文华殿、主敬殿前后序列，本仁、集义两配殿左右对峙。东边传心殿也布局严谨，治牲、神厨、祝版房一应俱全，使得文华殿一区的建筑功能更为完善，祭祀、典礼也更显庄重。

文华门为皇太子文华殿会讲后赐宴之地；皇帝外出巡幸，留京王公大臣每日到文华门办事，并持合符轮流值宿。

康熙二十五年（1686），皇太子允礽出阁讲学，康熙帝钦定讲官5人侍讲。太子讲学之举延续明代旧制。

清承明制，仍以文华殿为举行经筵之地。

明代，殿试后于文华殿阅卷。清乾隆二十五年（1760）奏准，殿试后读卷官在文华殿阅卷，并宿于文华殿两廊及传心殿前后房。

光绪二十年（1894）至二十四年（1898），文华殿还作为外国使臣觐见皇帝，递交国书、贺书的地方。光绪二十六年（1900）以后，则在乾清宫、皇极殿和养心殿等处进行。

1914年，古物陈列所成立。1915年，将文华殿辟为陈列室，并加盖与主敬殿之间的穿廊，所陈物品为沈阳故宫、承德避暑山庄所藏的书画。

文华殿东配殿名本仁殿，西配殿名集义殿。清代乾隆、嘉庆年间，曾于经筵后于本仁殿赐宴。宴后，预宴者可携果饵而归，以为荣耀。1914年古物陈列所成立后，于1915年将本仁殿、集义殿的明廊改为暗廊，扩大了室内空间。

主敬殿位于文华殿后，殿内设宝座、屏风，亦为举行经筵所用。光绪年间廷试经济特科，收掌官于文华殿阅卷，寝息于主敬殿三天两夜，由光禄寺供应饭食，专人预备茶水，临行赏赐银两。

传心殿 传心殿位于文华殿东侧，殿内正中供奉皇师伏羲、神农、轩辕，帝师尧、舜，王师禹、汤、文、武。东侧供奉周公，西侧供奉孔子。康熙二十五年（1686）传心殿建成后，皇帝御经筵前一日遣大学士祇告于传心殿。太子会讲，亦先祭告传心殿。每月朔望，遣太常卿供酒果、上香。雍正四年（1726），定于经筵当日行祇告礼。乾隆六年（1741），乾隆皇帝亲祭传心殿，乾隆六十年（1795）再行亲祭。嘉庆、道光、咸丰三朝，皇帝俱亲诣传心殿祇告，以后则不复行。

文渊阁 现存之文渊阁位于文华殿后，乾隆三十九年（1774）敕建，乾隆四十一年（1776）建成。其地为明代之圣济殿旧址，明代之文渊阁在文华殿对面路南，文献记载其形制为"砖城，凡十间，皆覆以黄瓦"，应与现存之红本、实录库形制若合。阁中供范铜饰金孔子并四配像一龛，阁内除藏书外兼为内阁治事之所。明末李自成农民军将文渊阁焚毁，所存图书也损失殆尽。

清乾隆三十八年（1773），诏开四库全书馆，编辑《四库全书》。书成之后缮写7部，分藏七阁，即北京紫禁城文渊阁，沈阳盛京皇宫文溯阁，北京圆明园文源阁，承德避暑山庄文津阁，镇江金山寺文宗阁，扬州大观堂文汇阁，杭州圣因寺文澜阁。另将底本一部，藏翰林院。文宗、文汇、文源、翰林各本相继亡失，文澜

远望文渊阁

阁本仍藏杭州,文津阁本现藏于北京国家图书馆,文溯阁本转藏甘肃,文渊阁本现藏台北故宫博物院。

为存《四库全书》所建七阁,形制大致相同。七阁建筑中,文宗、文汇两阁毁于清后期农民战争,文源阁毁于外国侵略军,现存四阁,以文渊阁最为壮观。

文渊阁形制仿自浙江宁波天一阁。天一阁为明代兵部侍郎范钦的藏书处,相传建阁之初于阁前开凿水池,土中隐有"天一"二字,因悟"天一生水",即以名阁;阁制六间,取"地六成之"之义。

文渊阁面阔虽为6间,但西侧为楼梯间,面阔仅一步廊深,其余5间仍明间居中,形同五开间建置。外观2层,内实3层,室内空间设计及书架均经过审慎考虑,秩序井然,一气呵成。《四库全书》总计79 030卷,分装36 000册,纳为6 750函,再加《四库全书总目》《四库全书考证》《古今图书集成》诸书,较范氏天一阁所藏超出一倍以上。故文渊阁不仅外观宏敞壮丽,且内里在腰檐部位加设暗层,形成上中下3层空间。至于各书之排列,下层中央3间置《四库全书总目》《四库全书考证》《古今图书集成》,左右梢间置《四库全书》"经部"。而以"史部"放之中层,"子部""集部"放之上层。书架之数,总计109具。除中层外,其余各室皆于左右壁各列书架2列,中央复置方架一。阁下层内部,于次间左右利用书架为间壁,使中央3间形如广厅。厅中央设宝座,经筵后于此赐茶。宝座后安横广3间的槅扇,槅扇后经左右旁门可绕至东西梢间。东梢间于南窗下置榻,西梢间于西壁南端辟小门,由此至楼梯间。经楼梯可达中层,中层仅有东西梢间及走廊。其中央三间,洞然空朗,即下层广厅之上部。走廊位于后部通柱与金柱之间,北侧装板壁、列书架,南侧沿金柱施以栏杆,下临广厅。东西梢间,因书架位置以槅扇与栏杆合用。东梢间之南设榻一。上层南北两面各设走道。道之外侧全部开窗,内侧依柱之位置分为5间,除明间正中施落地罩、设御榻外,各间皆排列书架。

乾隆四十七年(1782),《四库全书》第一部告成,入藏文渊阁。定以三月、六月、九月曝书,命校理诸臣分日入值。

自文渊阁建成后,每经筵讲毕,皇帝御文渊阁,讲官、起居注官进至内赐座、赐茶。

内阁及内阁东之各库 内阁位于文华殿以南,北与文华殿遥对。

明代，凡京官上下接本，俱于会极门。门南一间，额曰东阁。大学士直舍，所谓内阁，在午门内东南隅，外门西向，阁南向。

清沿明制，仍设内阁。内阁大堂，亦称大学士堂，坐北朝南，面阔3间，黄琉璃瓦硬山顶。堂前三面以矮垣围成独立小院，南面正中为一殿一卷垂花门，东西两侧开随墙角门。东西两厢各3间，皆黄琉璃瓦硬山顶。东厢为汉票签房，中一间为侍读拟写草签处，北一间为中书缮写真签处，南一间为收贮本章档案处。西厢为蒙古堂。汉票签房以南为汉本堂，蒙古堂以南为满本堂，皆坐北朝南，面阔3间，黄琉璃瓦硬山顶。汉本堂亦称汉本房，满本堂亦称满本房、满洲堂。内阁大堂东西两侧各有耳房，皆南向，黑布瓦悬山卷棚顶。东耳房为满票签房，西耳房为稽查房。内阁大堂之后为中堂斋宿之所。东为满票签档子房，西为典籍厅。满本堂之西为祝版房，缮写大祀祝版之所，皆黑布瓦硬山卷棚顶。

内阁以东为内阁大库。库坐南朝北，每座10间，开二门，门包铁叶。黄琉璃瓦硬山顶，并采用封护檐做法，没有外露木植，具有防火作用。每间深4丈，用楼板隔为上下两层。北面开窗，窗中立铁柱，柱内设铁网，柱外有铁板开关窗，防火防盗，百无一失。西侧库房贮红本、典籍、关防，俗称红本库。东侧库房贮实录、史书、录疏、起居注及前代帝王功臣画像等物，俗称实录库。

内阁大库再东，东华门内以南，为銮仪卫内銮驾库。銮仪卫是掌管帝、后车驾仪仗的机构，顺治元年（1644）承明制设锦衣卫，次年更名銮仪卫。宣统元年（1909），因避溥仪名讳，改称銮舆卫。皇帝所用仪仗称卤簿，按祭祀、朝会、出巡等不同用途分为大驾、法驾、銮驾和骑驾四种。皇太后、皇后所用仪仗称仪驾，皇贵妃、贵妃所用仪仗称仪仗，妃、嫔所用仪仗称彩仗。平时由銮仪卫负责保管，用时事先陈设，届时侍卫服务。此外，紫禁城钟鼓值更，亦由銮仪卫派员应承。

内銮驾库大门1间，随门房6间，更房1间。院内东库一座5间，南库一座10间，形制同内阁大库。院内另有大堂3间，小堂3间，库3间，办事房、小库班房、档房计33间，今俱不存。内銮驾库贮大驾卤簿大礼轿一、法驾步舆一、亮轿一、各样轿十四，法驾、骑驾、銮驾共370余件。院内曾发现"古今通集库"石碣，为明代遗物，后有专家考证，内銮驾库之东库即明代之古今通集库。

上驷院址 上驷院位于文渊阁之东北，西对左翼门。顺治十年（1653）设，初承明制名御马监，顺治十八年（1661）改为阿敦衙门，康熙十六年（1677）改称上驷院。其官署初设于东华门内三座门以西，后北移至左翼门外。院堂西向，面阔5间，左右耳房各3间。堂前左右两侧有司房各3间，司房有耳房3间。官署以南为御马厩5间，其所属马厩分设紫禁城内外，上驷院以东临近东城垣处设有马厩、车库。上驷院建筑除院堂5间尚存外，其余俱已不存。

上驷院在康熙时曾作拘禁胤礽之地。《清圣祖实录》记："先是拘执废皇太子允礽（雍正时更名）时，沿途皆直郡王允禔看守。至是抵京，设毡帷，居允礽于上驷院旁。上特命皇四子允禛同允禔看守。"

撷芳殿 撷芳殿位于东华门内三座门以北。东华门内以北有琉璃门3座，俗称三座门。内金水河从门前逶迤流过，上跨石桥3座。门内有琉璃影壁1座，再前宫门1座3间，门内有东西并列的3所殿宇，名撷芳殿，又称东三所，俗称南三所。因为诸皇子所居，俗称阿哥所，或称所儿。

撷芳殿3所殿宇形制相同，各前后三进院落，前有琉璃门1座。这一带为明代端敬殿、端本宫旧址，清乾隆十一年（1746）改建为3所殿宇。3所共有前院正殿3座，各3间。中院正殿3座，各5间。后院正殿3座，各5间。各院东西配殿共18座，各3间。顺山房6座，各2间。每所中院有井亭1座，以及值房、膳房、净房等总计房屋200余间。乾隆十九年（1754），又添盖后罩房3座。宫门、前院正殿为绿琉璃瓦单檐歇山顶，金龙枋心旋子彩画。中院、后院正殿为绿琉璃瓦硬山顶，金龙枋心旋子彩画。各院配殿为绿琉璃瓦硬山顶，龙锦枋心旋子彩画。余则为黑布瓦卷棚顶，不绘彩画。紫禁城殿宇多覆黄琉璃瓦，唯此处用绿琉璃瓦，规格稍逊，以示为皇子所居。

明代之端敬殿、端本宫，用为皇太子所居之东宫。端敬殿，万历二十七年（1599）建。端本宫位于端敬殿之东，前庭甚旷，长数十丈。明光宗朱常洛当太子时，曾住此宫。天启末，懿安张皇后移居于此，时名慈庆宫，外为徽音门。崇祯十五年（1642）懿安移居仁寿殿，又改为端本宫，以待东宫太子大婚。前门徽音门改名前星门，第二道门麟趾门改名重晖门，第三道门慈庆门改名端本门。门内为端本宫，中设皇太子座，左右设镜屏。左右两侧各有连房7间，左7间为寝宫，右7间为曲折奥室，内有弘仁殿匾，设有宝座。端本宫后有穿殿，两侧有庑房，又有清正二轩。端本宫后门称凝宁门，即慈庆宫之聚宁门。

万历四十三年（1615）五月，蓟州人张差持枣木棍闯入太子朱常洛所居之慈庆宫，击伤守门内官，至前殿台阶，被内官韩本用等所缚。奏闻皇太子，请下法司提问。初，刑部郎中胡士相得巡视皇城御史刘廷元奏迹涉疯魔等语，又经亲自审讯，依宫殿前射箭、放弹、投砖石伤人律，定为斩立决。后刑部提牢主事王之寀诱得张差口供，供出系郑贵妃手下太监庞保、刘成唆使进宫行凶。时人因此怀疑郑贵妃欲谋害太子，一时朝议汹汹。神宗朱翊钧与太子朱常洛为平息事态，便不再追究，遂以疯癫奸徒罪，杀张差于市，并毙庞保、刘成于内廷结案。史称这一事件为"梃击案"。

清初，撷芳殿曾为胤礽宫人居所。《清圣祖实录》载："康熙四十七年（1707）九月，上谕大学士等，允礽宫人所居撷芳殿，其地阴暗不洁，居者辄多病亡。允礽时往来期间，致中邪魅，不自知觉。"

乾隆十一年（1746），撷芳殿改建为三所殿宇。诸皇子年幼时居毓庆宫或乾东五所，长大成婚则移居撷芳殿。乾隆十九年（1754）正月奏准："阿哥（满语，皇子的通称）移居撷芳殿后，每日食用等项，仍由该处（内务府掌仪司）预备。迁移之日，总管内务府大臣、内务府官及随从阿哥之谙达（满语，这里指教习皇子、皇孙之人）、侍卫等，各具蟒袍补服，总管内务府大臣率同内务府官奉迎。于内管领内派结发夫妇，预日在撷芳殿住宿伺候。阿哥到时，出迎导入。预备膳桌、饽饽桌各十张，赏给护送并看守人等。"二月奏准："阿哥移居后，于三所内照例祭祀。"四月奏准："阿哥移居三所安神，照钦天监选择吉期祭祀，次日还愿，还愿之次日祈福。"

乾隆四十年（1775），时为皇子的嘉庆帝颙琰移居撷芳殿中所。乾隆六十年（1795），受封皇太子，自撷芳殿移居毓庆宫。

道光皇帝旻宁生于撷芳殿。道光二十八年（1848），时为皇子的咸丰帝奕詝移居三所。清朝末年，清政府内外交困、危机四伏。为了缓和矛盾，提出"预备立宪"，企图维护其统治。光绪三十一年（1905），派考察政治大臣分赴东西洋各国考察。同年，设立考察政治馆。光绪三十三年（1907），改称宪政编查馆，馆址即在撷芳殿。

宪政编查馆由军机处王大臣督饬，设提调二员综理馆中一切事宜。宣统三年（1911）四月，决定内阁总理大臣、协理大臣均著兼充宪政编查馆大臣。宪政编查馆内设编制、统计二局和庶务、译书、图书三处。宪政编查馆的职掌为：议复奉旨交议有关宪政折件，及承拟军机大臣交付调查各件；调查各国宪法，编订宪法草案；考核法律馆所订法典草案，各部院、各省所订各项单行法及行政法规；调查各国统计，颁成格式，汇成全国统计表及各国比较统计表。宣统三年（1911）五月，清政府颁布内阁属官官制，宪政编查馆被裁撤。

清政府虽然"预备立宪"，实行官制改革，但仍明定内阁、军机处保留不变。光绪三十三年（1907），军机处考试汉章京，试场就设于撷芳殿宪政编查馆内。

宣统皇帝溥仪继位以后，其生父醇亲王载沣监国摄政，以撷芳殿为起居休息之所。故宫博物院成立后，文献馆设在撷芳殿，主管宫廷历史文物和历史档案及有关宫廷的典籍。

箭亭 箭亭位于左翼门外以北，始建于清顺治年间，初名"射殿"，现存建筑建于清雍正年间。面阔 5 间，进深 3 间，周围出廊，黄琉璃瓦歇山顶。前檐 5 间、后檐当中 3 间均安槅扇门。箭亭内正中设宝座。宝座东有卧碣，刊刻乾隆十七年（1752）上谕。宝座西亦有卧碣，刊刻嘉庆十三年（1808）《八旗箴》。两碣的思想主旨一致，就是警戒后世，恪守满洲冠服骑射传统。

箭亭前广场开阔，为殿试武进士技勇之地。届时皇帝亲御箭亭阅试，领侍卫内大臣 2 人得赐坐左右，批本处 4 人分为两班，在御座前更换点册。考试内容包括马步、射弓、刀石等项，有善扑营 10 人备办搬移刀石之事。阅试毕，皇帝御乾清宫，引见中式武举，钦定名次。然后御太和殿传胪，赐中式武举进士出身。

咸丰元年（1851），咸丰帝还临御箭亭阅试十五善射。十五善射，即于八旗兵丁内，每旗各选善射者 15 人，赏六品顶戴蓝翎。凡皇帝御射，皆侍侧，命射，则随射之，名十五善射。

乾隆二十二年（1757）十月奏准："嗣后阿哥娶福晋（满语，夫人）时，筵宴大臣、侍卫等，即在箭亭内两旁设坐，临时交该处（内务府掌仪司）预备行台演戏，停止搭盖席棚。"

乾隆四十八年（1783）十二月，乾隆皇帝之孙绵勤娶福晋，备羊 35 只，饽饽桌 40 张，酒宴 40 席，烧酒、黄酒 40 瓶。此筵宴，大臣侍卫官员在箭亭内，命妇在撷芳殿，俱结花彩。

会典馆、国史馆（清史馆） 会典馆位于东华门内三座门以北东侧。其馆址旧为养鹰狗处，有鹰房12间，狗房19间。

清代会典前后纂修5次。初纂于康熙二十三年（1684），续修于雍正四年（1726），重修于乾隆十三年（1748），又续修于嘉庆六年（1801）、光绪十二年（1886）。

光绪十二年（1886），为续修《大清会典》，修缮会典馆，以备开馆之用。其时存有房屋108间，包括总裁堂3间，科房、厨房共8间。提调堂7间。满总纂房7间，书库、科房、茶房共9间。汉总纂房3间，科房、厨房、茶房共20间。汉纂修房5间。汉誊录房7间，茶房1间，纸库、科房、界画处、装订处共19间。收掌房、科房共12间。纸班房、皂班房、茶房共7间。上述房屋大部已不存，现存房屋均为黑布瓦硬山做法，形制较为简单。

国史馆位于会典馆以南。

清代，专设国史馆，纂修清朝国史。康熙二十九年（1690）开国史馆，以大学士王熙为三朝国史监修总裁官，另设总裁官4人，副总裁官13人，督率在馆诸臣纂修三朝国史。其时，国史馆设在熙和门西南。康熙四十五年（1706），史成馆停。乾隆元年（1736），复开国史馆，以大学士鄂尔泰为总裁，纂修五朝本纪及传、表、志。乾隆十四年（1749），五朝本纪成，史馆又停。乾隆三十年（1765），为重修国史列传，复开国史馆，迁至后址，自此常设。

宣统元年（1909），在国史馆内开实录馆，修《德宗实录》。民国初年，实录馆移出，国史馆改称清史馆。民国三年（1914），清史馆开馆，馆长为赵尔巽，聘总纂、纂修、协修，先后百数十人。

清史馆现存黄琉璃瓦硬山顶书库一座，形制同内阁大库，其他所存建筑均为黑布瓦硬山顶。

太医院御药库 太医院御药库位于撷芳殿东侧。《内务府册》中记："顺治十年（1653）设药库东华门内南三所（撷芳殿）之左，东向，堂西有药王殿，前后三重，共房三十六楹。"

御茶膳房 御茶膳房位于箭亭东侧，与撷芳殿相邻。《内务府册》载："乾隆十三年（1748），以箭亭东外库改为御茶膳房，门东向。门内迤北，东、西黄琉璃瓦房八楹，西南黄琉璃瓦房十有二楹，又南、北瓦房九楹。"现存西侧黄琉璃瓦大房2座，余皆不存。

顺治初年，分设茶房、饭房于中和殿东庑房内。乾隆十三年（1748），设立总管大臣，合并为御茶膳房，迁入后址。

武英殿区

武英殿位于太和门西侧的熙和门外，与文华殿遥对。西为咸安宫官学，1914年在此建宝蕴楼。其南为南薰殿、御书处。武英殿以北为内务府及造办处等官署，并存冰窖4座。明代，武英殿曾为皇帝斋戒和召见臣工之地。明末农民军领袖李自成率军攻入紫禁城，以武英殿为治事之所，后在此称帝。清初，摄政王多尔衮在此治事，顺治帝亦曾在此赐宴群臣。康熙八年（1669）正月，因修理太和殿，康熙帝自清宁宫（保和殿之暂时改称）移居武英殿。同年十一月，由武英殿移居乾清宫。自康熙年始，作为刊刻图书之所。同治八年（1869），不戒于火，延烧房屋30余间，书籍版片也焚烧殆尽。同年派工勘修。光绪二十七年（1901）又遇火险，因扑救及时，幸未延烧。1914年，武英殿辟为古物陈列所，为该所展场之一部。

武英殿 武英殿一组建筑周围绕以红墙，东西宽70米，南北长100米，占地面积略小于文华殿。武英门为这组建筑的正门，开在南墙正中。内金水河从门前蜿蜒流过，上跨石桥3座。正殿武英殿与后殿敬思殿坐落在高台之上，殿前月台开阔，有御路与武英门相连。正殿前东西有配殿，东为凝道殿，西为焕章殿。后殿东有恒寿斋，西为浴德堂。武英殿周围环境幽雅，内金水河三面环绕，东侧之断虹桥雕刻精美，为禁城之冠。桥南北地势开阔，植有古槐，俗称"十八槐"。

十八槐

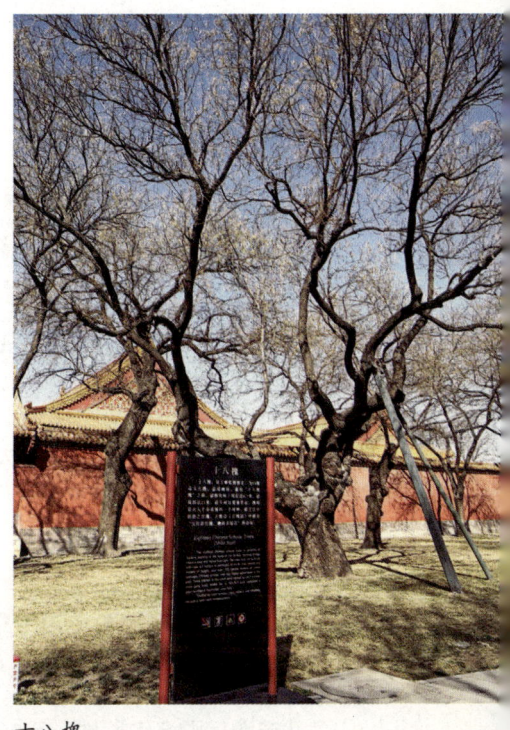

武英殿建于明永乐十八年（1420），初为皇帝斋戒和召见大臣之地，后改在文华殿举行。殿后的群房（今不存）曾作为宫廷画师作画的场所。万历十一年（1583），皇帝下令修缮武英殿，所需银两由节慎库内支出，择期兴工，并遣官祭告。崇祯五年（1632）皇后寿诞，命妇们赴武英殿朝贺行礼。明末农民军首领李自成进入紫禁城以后，在武英殿办理政务，并在此登极称帝。清初，武英殿曾为摄政王多尔衮治事之所。康熙八年（1669），康熙皇帝曾移御武英殿。康熙年间，在武英殿开设修书处，专司刊刻书籍。同治八年（1869），武英殿不戒于火，烧毁殿宇房屋30余间，殿内所存书籍版片也付之一炬。康熙年间重建文华殿时，以武英殿为蓝本，此次武英殿失火重建又仿照文华殿，所以两组建筑十分相似。

辛亥革命以后，于1914年将紫禁城外朝部分辟为古物陈列所。先行修缮武英殿，用作陈列室及办公处，并修建宝蕴楼库房。武英门与文华门形制相同，面阔5间，进深2间，广30.4米，深11.7米。黄琉璃瓦歇山顶，正中3间开门。坐落在高1.5米的白石台基上，下为雕石须弥座，上为白石栏杆。武英门在清代曾为值宿之所。内金水河从门前环绕而过，上跨石桥3座，门内有甬道直抵武英殿。

武英殿面阔5间，广33.4米，进深3间，黄琉璃瓦歇山顶。檐下施以金龙和玺彩画，单翘重昂斗栱。前檐明、次间安菱花槅扇，梢间安菱花槛窗。

武英殿后殿名敬思殿，面阔5间，进深3间，黄琉璃瓦歇山顶，形制同武英殿，但进深较浅，单翘单昂斗栱。

武英殿与敬思殿坐落在"工"字形台基之上。台基为须弥座形式，上安白石栏杆。殿前月台开阔，两殿间穿廊为1914年加盖。

武英门

清代武英殿与敬思殿曾贮书籍与书版。

  武英殿东配殿凝道殿、西配殿焕章殿，均面阔5间，黄琉璃瓦悬山顶。原前有明廊，1914年将装修外推，改为暗廊。清代，凡钦定刊布诸书，于凝道殿和焕章殿及左右廊房校勘装潢。

  恒寿斋位于武英殿东北，面阔3间，黄琉璃瓦硬山卷棚顶。清代，恒寿斋曾为缮校《四库全书》诸臣的值房。

  浴德堂在武英殿西北，面阔3间，黄琉璃瓦硬山卷棚顶。浴德堂在清代曾为修书处，词臣校书于此。

  浴德堂后檐墙上开有券门，内为曲尺形券洞，通往北侧的穹隆顶乳白色琉璃砖饰面类似浴室之建筑物，其平面为深广各4米的方形，中间部分四角叠涩挑出变为八角形，在上部形成圆形穹窿顶。穹顶正中开有一个直径60厘米的通风采光口。

浴德堂西北建有井亭一座，黄琉璃瓦悬山卷棚顶。下面台基高2米，台基上又有1米高的井台。井台北有贮水石槽，又有引水槽转折将水引至类似浴室北侧的灶间。井水流入灶间内大锅加热，通过铁管流入该室。

这一套完备的设施在紫禁城内显得十分独特，引人注目，又令人费解。究竟作为何种用途未见文献记载。清史专家孟森认为应是皇帝斋戒沐浴之处，为"左庖右湢"，古代礼制之遗存。古代帝王宫殿必具庖湢，文华殿大庖井与武英殿的浴室正合左庖右湢之说。但由于古物陈列所曾将承德避暑山庄运来的一幅美人油画像在浴德堂展出，后来衍生出浴室为乾隆皇帝专为香妃沐浴而建的传说。又因浴德堂为清代修书处之所在，故又有专家认为此室为印刷制版装裱之用。至于美人油画像，有人认为所画之人为香妃（即乾隆帝之容妃），也有人认为是乾隆帝之女和孝公主。皆无确据。

武英殿东有石桥一座，俗称断虹桥。桥为南北向单孔石券，全长18.70米，宽9.20米，桥面为青白石铺就，栏杆为汉白玉雕成。栏板图案雕刻古朴精细，每块栏板均以双龙戏珠为主题，衬以牡丹、萱花、荷花、菊花等10余种花卉图案。望柱头雕刻尤为精致，每个柱头都雕刻出翻转折叠的荷叶，盛开的莲花包藏着莲蓬头，莲蓬头上是姿态各异的狮子。栏杆的尽头各有一个蹲兽，也雕刻得生动传神。如此精美的石桥与紫禁城内其他石桥风格迥

断虹桥

然不同，有专家就其雕刻风格推论有可能构筑于明代以前。又有专家考证断虹桥为元代崇天门外的周桥。

明崇祯十七年（1644）三月，以李自成为首的大顺农民军攻占了北京城，崇祯皇帝走投无路，自缢于万岁山（景山），明王朝被推翻。

李自成进驻紫禁城，以武英殿为理朝治事之所。此时的农民军，对北方日益强盛的满洲势力缺乏清醒的认识。李自成幻想收服镇守山海关的明将吴三桂，以他阻止清军入关，遭到吴三桂的拒绝。四月十三日，李自成便亲率兵马征讨吴三桂。吴三桂初战不利，乃引多尔衮出兵相助，结果李自成农民军大败。四月二十六日，李自成退回北京城。四月二十八日，吴三桂率军逼近北京城，李自成派部将出城迎敌。四月二十九日，李自成于武英殿举行即位典礼，第二天清晨，即撤离北京城。撤退前还放火焚烧宫殿及九门城楼。多尔衮令吴三桂追击李自成，自己则率部于五月二日开进北京城，乘辇入武英殿升座，并在此办理政事。九月十九日，顺治帝至北京，由正阳门进紫禁城。因当时被毁宫殿未及修复，顺治帝于皇极门即位。以后，经常临御武英殿接受朝贺，并在此赐宴群臣。

康熙八年（1651），因修太和殿，康熙帝由清宁宫（保和殿暂时改称）移居武英殿。

康熙十九年（1680），武英殿设立修书处。康、雍、乾三朝，武英殿修书处刻印的书籍，校勘精细，字体刻工俱佳，并用特制的墨及洁白细腻的开化纸印刷，质地精美，称为"殿本"。康熙时期，除刻木版印刷外，后来还刻制了一批铜活字，排版印制了大批书籍，著名的《古今图书集成》就是用铜活字版排印的。至乾隆年间，木版印书继续保持，但铜活字因一时钱贵，竟一律毁掉铸钱使用。待《四库全书》编成后只得又雕枣木活字，排印了120余种书籍，命名为"聚珍版"，质量已逊于铜活字。武英殿修书处不仅编辑刊印了大量清朝编纂的书籍，而且还校勘了大量古籍。嘉庆时期，武英殿修书处已少有作为，趋向衰落。同治、光绪时期，则多用铅字排印，武英殿刊印书籍的功能已名存实亡。

1914年2月4日，古物陈列所成立。同年，将武英殿及敬思殿改造为陈列室，并在两殿之间加盖穿廊。在已毁咸安宫基础上，建设文物库房——宝蕴楼。1914年10月10日，古物陈列所正式对外开放。

古物陈列所成立以后，还陆续修缮了一些殿阁城台，整修道路，种植花木，并将武英殿后面的空地辟为花园，供观众游览。1948年3月1日，古物陈列所正式并入故宫博物院。1958年、1977年曾对武英殿进行保养和加固。

咸安宫官学 咸安宫官学位于武英殿西侧，原址在紫禁城西北之寿安宫。清雍正七年（1729）设。曾开办蒙古官学、回子学、缅子学、方略馆，原为尚衣监，左近有文颖馆、器皿库、外瓷器库。

乾隆十六年（1751），乾隆帝为其母（孝圣宪皇后）举办60寿诞庆典，将咸安宫改建成寿安宫，咸安宫官学则迁至武英殿西原尚衣监处。迁移后的校舍颓旧，又疏于管理，致使学生浮散。乾隆二十五年（1760），在尚衣监西边为咸安宫官学新建校舍。建成后的新校舍前后院落3进，布局严谨。大门名咸安门，北有影壁一座，再北院落3重，每院正房3间，东西厢房各3间。咸安宫官学又通过整顿，使学校出现转机。但至道光年间，学校又为废弛。同治七年（1868），为编纂"方略"，借用校舍开馆修书，学生到校日稀。同治十年（1871），因雨水过多致使校舍坍塌。光绪初年，曾拨款整修校舍。光绪二十八年（1902），咸安宫官学迁至宫外，改名为三旗小学堂，分设6所小学，学习课程及内容均有变更。

原咸安宫官学于清末被火焚毁，仅存咸安门。1914年，古物陈列所成立以后，利用咸安宫官学校舍旧址建起了规模宏大的文物库房——宝蕴楼。

宝蕴楼是我国近代博物馆史上第一座专门用于保藏文物的大

宝蕴楼

型库房。其设计者为建筑师马荣，图纸经内务部批准，施工由广利、天合两家厂商合作承担。1914年6月动工兴建，于1915年6月竣工，历时一年，全部工程用银29 695元。宝蕴楼建成以后，古物陈列所所存文物移存入内，极大地改善了文物保管条件。

  蒙古官学为乾隆十二年（1747）在咸安宫官学内所设，负责培养蒙古八旗子弟。

  回子学于乾隆二十一年（1756）设于武英殿北右翼门外以西，以内务府邻近房屋6间，作为学房，今已不存。乾隆三十二年（1767），又于回子官学内增设缅子官学，合称回缅官学。

  方略馆在武英殿北，今已不存。方略馆是为纂修"方略"而设立的机构，隶属于军机处。初设于康熙二十六年（1687），时为纂修《三逆方略》。每次开设，书成即撤。乾隆十四年（1749），为纂修《平定金川方略》重开，遂为常设，直到宣统三年（1911）四月与军机处并裁。

清代，每遇规模较大的军事用兵及政事，统治者为了炫耀自己的"功德"，就将事件中官员的一些报告和皇帝的指示等有关材料，汇集纂编成书，纪其始末，名曰"方略"或"纪略"。方略馆除负责纂修方略之外，也纂辑皇帝特交的其他书籍，如《大清一统志》《西域图志》《明纪纲目》《明史本纪》等。

尚衣监位于武英殿西，为专司制作御用服装的机构。前有大门3间，左右有耳房1间。门内殿宇3座，前后序列，各5间。前殿、中殿左右各有耳房1间，前殿左右各有配殿3间，中殿前有井亭1座。乾隆十六年（1751），改作咸安宫官学，尚衣监改设于配殿。乾隆二十五年（1760），在尚衣监西新建咸安宫官学校舍。清末，这一带失火将原有建筑焚毁。

文颖馆在尚衣监后，殿宇2层。文颖馆为续修《皇清文颖》之地，原在翰林院清秘堂西斋房，嘉庆十一年（1806）第四次续修《皇清文颖》迁于此地。前三次续修分别在康熙四十八年（1709），雍正十二年（1734）和乾隆九年（1744）。嘉庆十七年（1813）十二月十九日，文颖馆遇火焚毁。嘉庆二十四年（1819），奉旨由内务府派员率人清运渣土，毋庸重建房屋，并将该处归并咸安宫管理。

器皿库位于西华门内以北，西邻紫禁城城垣。前后大库各7间，前库左右库房3间，后库东西库房各9间，今俱不存。

器皿库隶属内务府掌关防处，负责存储银、铜器皿及筵宴用桌。康熙三十四年（1695）设于中和殿西连房，后迁于此。由内管领2人值年管理，设库掌、库守等13名。

外瓷器库设在武英殿以南临近紫禁城的南城垣的连房内，掌收存各种瓷器及铜锡器物。另有瓷库设在中右门外西配房。设员外郎3人，司库、副司库、司匠、库使19人。

南薰殿、御书处 南薰殿位于武英殿以南偏西，面阔5间，黄琉璃瓦歇山顶，围以朱垣，自成一体。南薰殿建于明代，凡遇上徽号册封大典，阁臣率中书在此篆写金宝、金册文。清乾隆十四年（1749），以此殿作为尊藏内务府所藏历代帝后图像之处。殿内明间有卧碣一通，刻录乾隆帝《御制南薰殿奉藏图像记》。

南薰殿正中3间，各设一朱红漆木阁，分5层，安奉历代帝像，每一轴造楠木小匣，用黄云缎夹套包裹装入，按阁层次，分别安奉。东梢间，安奉历代后像，亦遵照帝像安奉方式。帝后册页、手卷，亦按次归木阁安奉。西梢间，置木柜一，贮明代帝后册宝。嘉庆、道光诸帝曾诣南薰殿，恭阅所藏图像。

御书处在西华门内路南南薰殿以西，共计房屋建筑43间，今已不存。

御书处，原名文书馆，清顺治时设立。康熙二十九年（1690）改称御书处，道光二十三年（1843）改归武英殿修书处管理。负责拓刻、临摹皇帝诗文、法帖手迹、制墨及朱锭等。设管理王大臣，无定员。设兼管内务府司员3人，库掌、委署库掌9人。下设刻字、裱、墨、墨刻四作，设库掌、委署司匠、拜唐阿（满语，听差之人）等20名，匠役百余名。

顺治帝御笔"正大光明"匾，康熙帝摹刻石迹，藏于御书处。乾隆五十四年（1789），乾隆帝命御书处补刻《兰亭八柱帖》。光绪七年（1881），曾对御书处所存列朝御笔及臣工所书石刻进行清点，共计3 926块。原排列于御书处以南紫禁城西南角楼下，后存放于御书处和武英殿空闲库房内。

内务府、造办处、冰窖 内务府在武英殿以北，右翼门以西。此地为明代仁智殿旧址。仁智殿，俗称白虎殿，凡大行皇帝梓宫皆暂停于此。明成祖朱棣崩于榆木川，灵柩回到京师，皇太子迎入仁智殿，加殓纳入梓宫。后来亦曾为画士居处，明孝宗朱祐樘曾到仁智殿观画士作画。

内务府房屋众多，院落重重，计有舍43间，今俱不存。

内务府设于顺治初年，顺治十年（1653）设立十三衙门代替内务府。顺治十八年（1661），顺治帝死后，十三衙门被废除，内务府重新设立。康熙时曾对内务府组织机构进行改革，至雍正时内务府内部组织机构基本确立，并于雍正十三年（1735）定为正二品衙门。1911年辛亥革命爆发后，翌年清帝逊位，根据《优待皇室条件》规定，内务府继续保留，直至1924年溥仪被逐出宫，内务府随之消亡。

内务府是服务于皇帝及其家族并管理全部宫廷事务的专门机构。职责包括办理宫内祭祀、朝贺礼仪、扈从后妃出入，总理皇子、公主家务，宫内筵宴设席，监视内阁用宝，宫内及圆明园值班，考察、任免、引见本府官员等事。

内务府所属院司公署设有铁牌。铁牌高4尺5寸，广1尺9寸，厚1寸。铁牌铸清顺治帝禁止内官犯法、干政、窃权、纳贿、嘱托、交结、越分、擅奏外事、上言官吏贤否之谕旨。

雍正四年（1726），设稽查内务府御史衙门，稽查内务府事务。稽查内务府御史衙门于光绪三十二年（1906）裁撤。

造办处位于右翼门外内务府以南及以西。清初在养心殿设造办处，康熙三十年（1691）除裱房外，其余迁至慈宁宫茶饭房。康熙三十二年（1693）开始设立作坊，康熙四十七年（1708）全部迁出养心殿，后又将部分作坊设于仁智殿后，共有房屋200余间，今已不存。

造办处隶属内务府，负责制造和贮存金、玉、铜器，珐琅、玻璃器皿，画、图及武器盔甲等物。

冰窖位于右翼门外西邻造办处。原有冰窖5座，初有1窖存通州冰，后一律用御河冰。

现存冰窖4座，皆为砖券结构，灰瓦卷棚硬山顶。冰窖为半地下式，墙、顶厚重，以利保温。

冰窖所藏冰块由工部备办，设满、汉监督各1人（由堂官在司员内选派，一年更换），负责收发藏冰。

东六宫区

紧临后三宫的东西两侧，有12座方正规矩的院落，在明代是供妃嫔们居住的东西六宫。六宫之制自周代开始确立，有"以阴礼教六宫"的记载，因此六宫也就统指后妃们居住的地方。东西六宫占地30 000多平方米，由纵横相交的街巷分隔。

东西六宫与紫禁城同期建成。明嘉靖十四年（1535），因未央宫为兴献帝发祥之地，即其生父朱祐杬生于此宫，遂改名为启祥宫。并改长安宫曰景仁宫，长乐宫曰毓德宫，万安宫曰翊坤宫，咸阳宫曰钟粹宫，寿昌宫曰储秀宫，长寿宫曰延祺宫，永安宫曰永和宫，长春宫曰永宁宫，长阳宫曰景阳宫，寿安宫曰咸福宫。万历年间将毓德宫改为永寿宫，永宁宫改为长春宫。崇祯年间将永宁宫改为承乾宫。清代又将延祺宫改为延禧宫，启祥宫改为太极殿。自此，十二宫名东西成为对称，并基本定名。

清代雍正帝移居养心殿后，皇后也择选东西六宫的某一宫居住。

乾隆六年，皇帝为后妃居住的宫室写了11面匾，加上永寿宫原有的1面，共12面，分别悬挂于东西六宫，乾隆六年（1741）谕旨：此11面匾，俱照永寿宫式样制造。自挂之后，千万年不可擅动，即或嫔妃移住别宫，亦不可带往更换。匾的内容为"仪昭淑慎""赞德宫闱""敬修内则"等，是对后妃们的训诫赞美之句。

景仁宫 内廷东六宫之一。明永乐十八年（1420）建成，初曰长安宫，嘉靖十四年（1535）更名景仁宫。清代沿用明朝旧称，于顺治十二年（1655）重修，道光十五年（1835）、光绪十六年（1890）先后修缮。

宫为二进院，正门南向，名景仁门，门内有石影壁1座，传为元代遗物。前院正殿即景仁宫，面阔5间，歇山顶，覆黄琉璃瓦。檐下施以单翘单昂五踩斗栱，饰龙凤和玺彩画。明间前后檐开门，次、梢间均为槛墙、槛窗，门窗双交四椀菱花槅扇式。室内天花饰二龙戏珠，方砖墁地，明间悬乾隆御题"赞德宫闱"匾。殿前有宽广月台。东西配殿各3间，明间开门，硬山顶，覆黄琉璃瓦，檐下饰以旋子彩画。配殿南北各有耳房。

后院正殿5间，明间开门，黄琉璃瓦硬山式顶，檐下施以斗栱，饰龙凤和玺彩画。两侧各建耳房。殿前有东西配殿各3间，亦为明间开门，硬山顶，覆黄琉璃瓦，檐下饰旋子彩画。院西南角有井亭1座。

此宫保持明初始建时的格局。

景仁宫明代为嫔妃居所。清顺治年间，顺治帝之妃、后尊为皇太后的佟佳氏曾居住在景仁宫，十一年（1654）三月，生玄烨于此宫。康熙四十二年（1703），和硕裕亲王福全丧，康熙皇帝为悼念其兄，曾暂居此宫。其后此宫一直作为后妃居所，乾隆皇帝生母孝圣宪皇后、咸丰帝之婉贵妃、光绪帝之珍妃曾在此居住。

宫门初曰长安门，明嘉靖十四年（1535）随长安宫改称景仁宫而更名。门前横巷，西为咸和左门，西出为东一长街；东为景曜门，东出为东二长街。

承乾宫　内廷东六宫之一。明永乐十八年（1420）建成，初曰永宁宫，崇祯五年（1632）八月更名承乾宫。清沿明旧。顺治十二年（1655）重修，乾隆五十年（1785）承乾宫院水房失火，熏灼铺盖，延烧窗户。道光十二年（1832）略有修葺。

宫为两进院，正门南向，名承乾门。前院正殿即承乾宫，面阔5间，歇山顶、黄琉璃瓦，檐角安放走兽5个。檐下施以单翘

承乾宫

单昂五踩斗栱，内外檐饰龙凤和玺彩画。明间开门，次、梢间槛窗，双交四椀菱花槅扇门窗。室内方砖墁地，天花彩绘双凤，正间内悬乾隆帝御题"德成柔顺"匾。殿前为月台。

东西有配殿各3间，明间开门，硬山顶，黄琉璃瓦，檐下饰旋子彩画。崇祯七年（1634）东西配殿安匾曰"贞顺斋""明德堂"。

后院正殿5间，明间开门，硬山顶，黄琉璃瓦。檐下施以斗栱。饰龙凤和玺彩画。两侧建有耳房。东西有配殿各3间，均为明间开门，硬山顶，黄琉璃瓦。饰旋子彩画。后院西南角有井亭1座。

此宫保持明初始建时的格局。

明代崇祯皇帝的田贵妃曾居此。清代顺治皇帝的宠妃董鄂氏在此居住。董鄂氏是顺治年间内大臣鄂硕之女，抚远大将军费扬古之姊，18岁入宫，宠冠后宫，顺治十三年（1656）八月立为贤妃，十二月进为皇贵妃，次年生皇四子，仅三个月即夭折。十七年（1660）八月董鄂氏卒，追谥为"孝献庄和至德宣仁温惠端敬皇后"。道光帝之孝全成皇后、琳贵妃、佳贵人，咸丰帝云嫔、婉贵人都曾在此居住。光绪皇后的膳房曾设在东配殿。

钟粹宫 内廷东六宫之一。明永乐十八年（1420）建成，初曰咸阳宫，明嘉靖十四年（1535）更名钟粹宫，隆庆五年（1571）改钟粹宫前殿曰兴龙殿，后殿曰圣哲殿，为皇太子居处，后复称钟粹宫。清代沿用明朝旧称，于顺治十二年（1655）重修，后于道光十一年（1831）、同治十三年（1874）、光绪十六年（1890）、光绪二十三年（1897）多次修葺。清晚时期于宫门内添加垂花门、游廊等。

宫为二进院，正门南向，名钟粹门，前院正殿即钟粹宫，面阔5间，黄琉璃瓦歇山式顶，前出廊，檐下施以单翘单昂五踩斗栱，彩绘苏式彩画。明间开门，次、梢间为槛窗，冰裂纹、步步锦门窗。室内原为彻上明造，后加天花顶棚，方砖墁地，明间内悬乾隆御题"淑慎温和"匾。

殿前有东西配殿各3间，前出

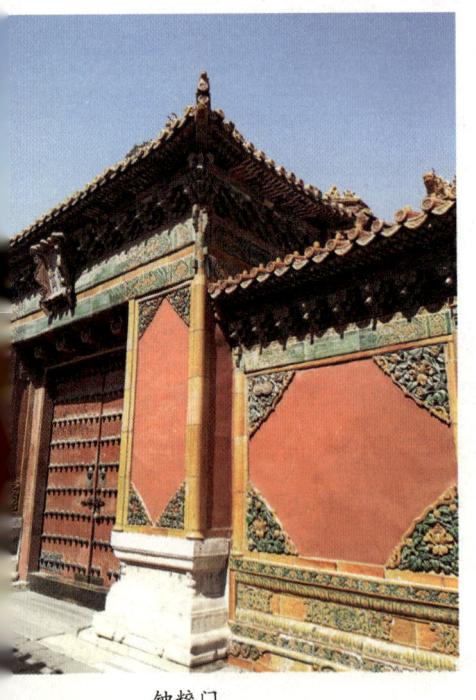

钟粹门

廊，明间开门，硬山顶，覆黄色琉璃瓦，檐下饰苏式彩画。

后院正殿5间，明间开门，黄琉璃瓦硬山式顶，檐下饰苏式彩画，两侧有耳房。东西有配殿各3间，均为明间开门，黄琉璃瓦硬山式顶。院内西南角有井亭1座。

钟粹宫明代为妃嫔所居，曾一度为皇太子宫。清代为后妃居所。清咸丰皇帝奕詝幼年在此居住，17岁移出。道光帝之皇贵妃，即恭亲王奕䜣之母亦居此宫，代为抚育奕詝。咸丰帝孝贞显皇后自咸丰二年（1852）进宫封贞嫔即在钟粹宫居住，咸丰十年（1860）册立为皇后，后尊为慈安皇太后，直至光绪七年（1881）去世。光绪大婚后，隆裕皇后也曾在此居住。

延禧宫 内廷东六宫之一，东二长街东凝祥门与昭华门中间南向者曰延禧门，门内为延禧宫。明永乐十八年（1420）建。初定名长寿宫，嘉靖十四年（1535）改称延祺宫。清代改名为延禧宫，康熙二十五年（1686）重修。

延禧宫前后两进院，前院正殿5间，黄琉璃瓦歇山顶，内悬乾隆皇帝御笔匾曰"慎赞徽音"，东壁悬乾隆《圣制曹后重农赞》，西壁悬《曹后重农图》。殿前有东西配殿各3间。后院正殿5间，亦有东西配殿各3间。

明清两朝妃嫔所居。清道光帝之恬嫔、成贵人、玲常在曾在此居住。

道光二十五年（1845）五月二十二日亥初，延禧宫失火。据审得知：延禧宫厨房设在前院东配殿，内连二炉灶在南间靠山墙，墙壁装有墙板。两灶烟筒日久未修，均有酥裂情形，以致走烟熏燃墙板，又支窗未放，使风延火起，时总管太监以及伙班官兵赶紧扑救，至丑刻火势稍息，附近缎库等处保住。烧毁延禧宫正殿5间及东西配殿6间、后殿5间、东水房3间，共烧毁房25间。

同治十一年（1872）十一月奉旨：延禧宫工程俱照旧式修建。后查延禧宫在大内，系属修复殿宇，自应修理整齐。查修造方向宜忌，延禧宫所在方位与次年兴修方向有碍，况库款万分支绌，应用物料一时购办不齐。拟于次年奏派勘估。后延禧宫复建工程未能实现。

宣统元年（1909）在延禧宫原址兴工修建一座3层西洋式建筑——水殿。水殿四周浚池，引玉泉山水环绕。主楼每层9间，底层四面当中各开一门，四周环以围廊。楼之四角各接3层六角亭1座，底层各开两门，分别与主楼和回廊相通。据《清宫词》《清稗史》记载，水殿以铜作栋，汉白玉砌成，外墙雕花，内墙贴有

延禧宫

白色和花色瓷砖，玻璃墙之夹层中置水蓄鱼，底层地板亦为玻璃制成，池中游鱼一一可数，荷藻参差，青翠如画。隆裕太后题匾额曰"灵沼轩"，俗称"水晶宫"。宣统二年（1910）六月，隆裕太后还曾下令西苑电灯公所给延禧宫安装电暖炉、电风扇并添安电灯。因国库空虚，直至宣统三年（1911）冬"灵沼轩"尚未完工，后被迫停建。

1917年，张勋拥戴逊帝溥仪复辟时，延禧宫北部被直系部队飞机投弹炸毁。

1931年，中华教育文化基金会和中法教育基金会捐款25万元，资助故宫博物院在延禧宫原址兴工修建库房。该库房为钢筋水泥结构，上下2层，为与周围宫殿相和谐，外形采用传统建筑形式，屋顶覆以黄色琉璃瓦。延禧宫库房修建工程自1931年6月25日开始，至年底基本完工，使用面积约1500平方米。

永和宫　内廷东六宫之一，位于承乾宫之东、景阳宫之南。明永乐十八年（1420）建成，初名永安宫，嘉靖十四年（1535）更今名。清沿明旧，于康熙二十五年（1686）重修，乾隆三十年（1765）亦有修缮，光绪十六年（1890）重修。

宫为二进院，正门南向，名永和门，前院正殿即永和宫，面阔5间，前接抱厦3间，黄琉璃瓦歇山式顶，檐角安走兽5个，檐下施以单翘单昂五踩斗栱，绘龙凤和玺彩画。明间开门，次、梢间皆为槛墙，上安支窗。正间室内悬乾隆御题"仪昭淑慎"匾，吊白樘箅子顶棚，方砖墁地。

东西有配殿各3间，明间开门，黄琉璃瓦硬山式顶，檐下饰

永和宫

旋子彩画。东西配殿的北侧皆为耳房,各 3 间。

后院正殿曰同顺斋,面阔 5 间,黄琉璃瓦硬山式顶,明间开门,双交四椀槅扇门 4 扇,中间 2 扇外置风门,次间、梢间槛墙,步步锦支窗,下为大玻璃方窗,两侧有耳房。东西有配殿各 3 间,明间开门,黄琉璃瓦硬山式顶,檐下饰以旋子彩画。院西南角有井亭 1 座。

此宫保持明初始建时的格局。

明代为妃嫔所居。清代为后妃所居。康熙帝之孝恭仁皇后(即雍正皇帝的生母仁寿皇太后)乌雅氏久居此宫。道光帝之静贵妃,咸丰帝之丽贵人、斑贵人、鑫常在等先后在此宫居住。光绪帝之瑾妃亦曾居此宫。

景阳宫 为内廷东六宫之一，位于钟粹宫之东、永和宫之北。明永乐十八年（1420）建成，初名长阳宫，嘉靖十四年（1535）更名景阳宫。清沿明旧，于康熙二十五年（1686）重修。

宫为二进院，正门南向，名景阳门，前院正殿即景阳宫，面阔3间，庑殿顶，覆黄琉璃瓦，屋顶形制与东六宫中其他五宫不同。檐下施以斗栱，绘龙和玺彩画。明间开门，次间为玻璃窗。明间室内悬乾隆御题"柔嘉肃敬"匾。天花为双鹤图案，内檐饰以旋子彩画，室内方砖墁地，殿前为月台。

东西有配殿各3间，明间开门，硬山顶，覆黄琉璃瓦。檐下饰旋子彩画。

后院正殿为御书房，面阔5间，明间开门，黄琉璃瓦歇山式顶。次、梢间为槛窗，檐下施以斗栱，饰龙和玺彩画。清乾隆年因藏宋高宗所书《毛诗》及马和之所绘《诗经图》卷于此，乾隆御题额曰"学诗堂"。

东西各有配殿3间。西南角有井亭1座。此宫保持明初始建时格局。

明代光宗之生母恭妃（后谥为孝靖皇太后）曾居此宫。

清代改作收贮图书之地。东西六宫年节张挂的《宫训图》原收藏于此。

东六宫后之乾东五所 乾东五所位于内廷东路、千婴门以北，西临御花园，北面紧靠宫墙。因其位在东六宫之北，故亦称"北五所"。乾东五所始建于明初，与内廷西路乾西五所对称，通常认为东西五所合为"天干"之数，与东西六宫合为"地支"之数相应。清代乾东五所却基本保持着明代的格局，乾隆三十九年（1774）重修。

乾东五所从西至东分别称头所、二所、三所、四所和五所。每所均有南北3进院落，前院南墙正中开门1座，门内置木影壁屏门。前院、中院均为"一正两厢"式的三合院格局，中院东南隅有井亭1座，后院进深较浅，只有正殿，黄琉璃瓦硬山顶。除主要建筑之外，各所还分别有一些配房。各所之间有矮墙相隔，彼此独立；矮墙上开设小门，又使其互相连通成一体。三所后宫墙西北隅开随墙小门1座，为乾东五所通北横街的唯一通道，平日关闭，每月初四、十四、二十四日进行打扫或有事时开启。

清初，乾东五所为皇子皇孙居所，乾隆三十年（1765）前后，自头所到五所分别改为如意馆、寿药房、敬事房、四执库和古董房。乾隆三十九年（1774）皇帝谕旨将三所、四所的装修拆挪到头所、二所，将两所建筑修缮见新，供皇十五子（即嘉庆皇帝）娶福晋。乾隆四十年（1775）皇十五子移居撷芳殿，头所、二所仍作为皇子居所，直至嘉庆年间。目前在三所内还完好地保留着慈禧太后的御笔"敬事房"匾额，正殿明间脊檩上尚有清代晚期的彩画。

如意馆 为宫中画士绘画之处。原属造办处，郎世宁、艾启蒙等西洋画家都曾供职于此。同治年间迁至乾东五所之头所。仍隶造办处，设画工，多苏州人。所画有卷、轴、册页、贴落等，并设玉匠、刻字匠等。

寿药房 亦称四执事库药房。收贮御用药物于此。设于乾东五所之二所。

敬事房匾

敬事房 清内务府所属管理太监事务的机构，康熙初年设立时称敬事房，雍正初年改称宫殿监，然旧名仍存。其办事处所在乾清宫南庑，此乾东三所之敬事房当为另一办理太监日常事务之所，且此处有敬事房库房，收贮外国、各藩、各地贡物等。

四执库 亦称四执事库。专司收掌上用冠、袍、带、履、铺陈寝宫帏帐等事，设于原乾东五所之四所。

古董房 专司收贮管理古玩器皿之事。设于乾东五所之第五所。

东六宫东之内库房 宫中收贮内用物品的库房，为缎库、茶库、南果房之总称。位于内廷东六宫之东，南北依次排列为缎库、茶库、南果房。正门曰缎库大门，门外横巷，西曰昭华门，东曰苍震门。出苍震门为东筒子路，为库房出入所经之门。西出昭华门通往内廷东六宫。

缎库三进院，前院内正房5间，东西配房各3间；中院与前院同；后院正房10间，东西耳房各2间。均硬山顶，覆黄色琉璃瓦。中院前西侧有井亭1座。专司收贮宫中所用绸缎等。

茶库位于缎库之后，两进院，前院正房5间，东西配房各2间。均为硬山顶，覆黄琉璃瓦。专司收贮茶叶等。后院为南果房，正房5间，东西配房各3间，后群房10间，东西耳房各两间，均为硬山顶，覆黄琉璃瓦。专司收贮干鲜果品。

苍震门内、内库房东侧为祭神库，南北狭长院内，坐东面西库房2座，南库7间，自南第2、4、6间开门，1、3、5、7间为窗；北库5间，正中为门，余皆为窗。北有歇山卷棚顶小亭间1座。此库为收贮祭祀用物品。

明代建筑内廷东路苍震门内曾有怡神殿位于延禧宫东侧、清内库房一带。明天启年间魏忠贤曾将养心殿前的宫中膳房移于此。

东六宫东之天穹宝殿 位于内库房之北，紫禁城内廷东路景阳宫之东。明嘉靖四十五年（1566），雷礼奉旨建玄极宝殿，同年九月竣工，以奉嘉靖之父睿宗神牌。后改称玄穹宝殿。清顺治时改建，至康熙时，因避康熙皇帝讳，更名为天穹宝殿。此后各文献改玄为天，额匾未变。

天穹宝殿坐北朝南，面阔5间，歇山顶，覆黄色琉璃瓦。殿内悬乾隆皇帝御笔楹联"无言妙化资元始，不已神功运穆清"。有东西配殿各3间。南墙正中开琉璃门1座，名天穹门。门外有横巷，东抵东筒子西侧宫墙，西端为钦昊门，通东六宫。横巷南有院，内有群房9间，有门通横巷。

此处清代为祭祀昊天上帝之殿堂，是宫中道教活动的场所，并与钦安殿、大高玄殿同为贮藏宫中道经之处。殿内原悬挂玉帝、吕祖、太乙、天尊等画像，每年于此举办天腊道场（正月初一）、天诞道场（正月初九）、万寿平安道场（皇帝生辰）等活动。平日由景阳宫太监负责洒扫。

东六宫之前区

即东六宫南部地区，有皇家祭祖的建筑奉先殿，皇帝斋戒时暂居建筑斋宫，以及清代太子居住的毓庆宫。

斋宫 皇帝大祀前在宫内斋居之所。位于乾清宫东，东六宫之南，进内左门数步右侧至仁祥门，门内即斋宫。斋宫建于清雍正九年（1731），在明代弘孝、神霄等殿旧址上建成，嘉庆六年（1801）修缮。

斋宫系前殿后寝两进院。前殿面阔5间，歇山顶，覆黄琉璃瓦，前出抱厦3间，明间、两次间开槅扇门，两梢间为槛窗。殿内八角形浑金蟠龙藻井，龙纹天花。明间悬乾隆皇帝御笔"敬天"匾。殿内东暖阁为斋戒时皇帝读书的书屋，西暖阁设佛堂，亦为斋戒所用。殿前左右出转角游廊与东西配殿相连。配殿各3间，南侧各有耳房1间，耳房前檐南侧双扇木板门，北侧支窗。清初东配殿曾收贮清代臣工恭进诸盛典入选诗册，嘉庆六年（1801）移至皇极殿。

斋宫后寝殿初名孚顒殿，乾隆三十四年（1769）所编《国朝宫史》内始载乾隆御笔匾曰"诚肃殿"。殿面阔7间，歇山顶，覆黄琉璃瓦，明间开槅扇门，次、梢间为槛窗。东西耳房各2间。殿左右各设游廊11间，与前殿相接。

明代天坛、地坛设有斋宫，如在宫中斋戒，则在外朝西侧的武英殿。清代自雍正皇帝在宫中建立斋宫，斋戒仪式多在宫中进行，并制定"南郊、祈谷、常雩，例于祭前三日，上御大内斋宫；北郊、太庙、社稷饷祀，均于养心殿致斋"。凡遇皇帝亲临祭祀时，则要先期斋戒。遇皇帝宿斋宫，恭设斋戒牌、铜人于斋宫丹陛左侧，斋戒铜人高1尺5寸，手执牙简，上书致斋几日。斋戒日，皇帝与陪祀大臣佩戴斋戒牌，宫中门额上悬挂斋戒木牌，结束后方可撤去。斋戒期间，不理刑名，不作乐，不饮酒，忌辛辣等。

斋宫正门为随墙琉璃门，南向，门外东西宽向小院，西有仁祥门，西出即东一长街。东有阳曜门，东出即毓庆宫。西侧为后三宫，沿长街南出内左门可达外朝，北出长康左门可至御花园。

毓庆宫　清代皇太子宫。位于内廷东路奉先殿与斋宫之间。始建于清康熙十八年（1679），乾隆五十九年（1794）添建并重修；嘉庆六年（1801）添建。原址为明代奉慈等殿。

宫南北四进院，南辟门两道。第一道曰前星门，为琉璃随墙门，门内为第一进院，有值房3座，西墙开一门曰阳曜门，西出可至斋宫。北与前星门相对者为第二道门曰祥旭门。此二门是出入毓庆宫之门户。

祥旭门内即第二进院，正殿曰惇本殿，光绪十六年（1890）重修。殿面阔5间，进深3间，歇山顶，覆黄琉璃瓦，前出月台。

前檐明间、东西两次间均为门，各用槅扇门4扇；东西梢间为槛窗，各4扇。后檐明间为门，槅扇门4扇。殿内明间南向悬乾隆皇帝御书匾曰"笃祜繁禧"，为乾隆六十年（1795）嘉庆皇帝公开立为皇太子时乾隆皇帝所赐。东西两次间隔为暖阁，内皆供佛像。是年十月皇太子千秋节曾御此殿受贺。后曾设孝静成皇后（道光后）圣容于此。殿东西配殿各3间，硬山顶，覆黄琉璃瓦，明间开门，次间为槛窗，各有南耳房1间，北耳房3间。光绪年间，西配殿曾为皇帝师傅的值庐。

惇本殿北为第三进院。内院有工字殿，前殿为乾隆六十年（1795）添建，面阔5间，进深3间，歇山顶，覆黄琉璃瓦，前檐明间开门，额悬匾曰"毓庆宫"。次间、梢间为槛窗；后檐明间接"工"字廊与后殿相通；"工"字廊面阔1间，进深3间，两侧均为槛窗。后殿面阔5间，进深3间，歇山顶，覆黄琉璃瓦，后檐5间均为槛窗，前檐明间与"工"字廊相接，廊檐安小板门，为后殿及"工"字廊出入口，次间、梢间为槛窗，明间内悬匾曰"继德堂"。西次间为毓庆宫内藏书室。后殿东次室原为书房，清嘉庆皇帝御书匾曰"味余书室"。嘉庆皇帝曾写《味余书室记略》，即位后，这里作为斋宿之室。味余书室又东一室，清嘉庆帝御题匾曰"知不足斋"。

后殿东山接耳房1间，悬山顶，南北两面安槛窗，与东围房相通，亦是后殿与东围房过渡之廊房。后殿室内以隔断分隔出小室数间，其门真假难辨，因有"小迷宫"之称。东西有围房20间，直至第四进院。

第四进院内为毓庆宫后罩房，面阔5间，进深3间，悬山顶，覆黄琉璃瓦，前檐出廊，明间开门，次间、梢间为槛窗。东西两侧有耳房，与东西庑房转角相接。

毓庆宫原是清康熙年为皇太子允礽特建。雍正年间乾隆皇帝为皇子时曾奉命居此。乾隆帝12岁入居此宫，17岁成婚迁居乾西二所。嘉庆皇帝5岁时曾与兄弟子侄等人居于此宫，后迁往撷芳殿，乾隆六十年（1795）嘉庆皇帝即位后，在乾隆皇帝训政三年期间，亦曾在此宫居住。同治、光绪两朝，此宫均曾为皇帝读书处。光绪帝亦曾在此居住。

被清皇室聘为逊帝溥仪的英文教师庄士敦（1874—1938），在宫中授课地点即毓庆宫。溥仪深受庄士敦的影响，同时也很欣赏庄士敦，曾赐他头品顶戴、毓庆宫行走、紫禁城内赏乘二人肩舆等殊荣。

奉先殿 即帝王家庙。帝王祭祖有祖庙，周礼定制，在宫城外左侧。明代朱元璋建南京宫殿时在宫城午门外御路东西分别建太庙和社稷坛，以符合周礼"左祖右社"之制。朱元璋以太庙时享（三个月一次）未足以展孝思，又在内廷乾清宫东侧建家庙奉先殿，以太庙像外朝，奉先殿像内廷。永乐迁都北京时，一切制度与南京宫殿相同，于紫禁城内廷之东，景运门外建奉先殿，有前后两殿，中间以穿堂廊子连接成"工"字殿形式，坐落在汉白玉石须弥座上，周以白石栏杆，为前殿后寝规制。前殿面阔9间，进深4间，重檐庑殿顶，覆黄琉璃瓦，是举行祭享仪式的地方，殿内设有列帝、列后龙凤神座及豆案、香帛案、祝案、尊案；东西有夹室。凡遇朔望、万寿圣节、元旦、冬至及国有大庆等大祭，于前殿举行。后殿面阔九间，进深两间，单檐庑殿顶。后檐不设窗，依九间分为九室，分别供奉列圣列后神牌，为同堂异室规制，每室各设神龛、宝床、宝椅、楎椸（衣架），前设供案、灯檠。

清沿明制，曾于顺治十三年（1656）、康熙十八年（1679）、康熙二十年（1681）、乾隆二年（1737）重修；嘉庆二年（1797）改修室内龛座。

殿前为奉先门，门外南墙内有群房13间；东有小院，内坐东面西小殿3间，为明嘉靖时所增建。西有随墙琉璃门1座，曰"诚肃门"，通内外。

奉先殿与太庙不同之处是没有祧庙（奉安远祖神牌的地方）。清代太祖、太宗、世祖三朝的御容一向收供在外朝体仁阁，也没有展谒献祭的礼仪。乾隆十五年重修寿皇殿后，将三朝御容收奉在寿皇殿左侧的衍庆殿，有如祧庙之制。

嘉庆年间，又定内殿之祭：清明、中元、圣诞、冬至、正旦，皆有祝文。两宫寿诞，皇后并妃嫔生日，立春、元宵、四月八日、端阳、中秋、重阳、腊八日皆致祭，凡祭方泽、朝日、夕月、出告、回参，册封告祭，朔望行礼，都在奉先殿举行。清代不仅保留了奉先殿，且其祭享仪式也比明代隆重，要日献食、月荐新，朔望朝谒，出入启告。遇列帝列后诞辰、忌辰及各节令、庆典，都要到后殿上香行礼。遇当朝皇太后、皇帝诞辰、元旦、冬至及国有大庆，还要将列帝、列后神牌移到前殿祭享。

西六宫区

西六宫在清代后期规制有较大的变动,启祥宫改为太极殿,拆长春门建体元殿,与长春宫连通。拆储秀门,改建翊坤宫后殿为体和殿,连通翊坤宫、储秀宫两宫院,打破了六宫各自独立的格局。

永寿宫 内廷西六宫之一。建于明永乐十八年(1420),初曰长乐宫。明嘉靖十四年(1535)更名曰毓德宫;万历四十四年(1616)更名永寿宫。清沿明旧,于顺治十二年(1655)、康熙三十六年(1697)、光绪二十三年(1897)重修或大修。

此宫保持明初始建格局。后殿东西配殿清康熙年重修时,将原明间开门改为靠北一间开门,即满族习俗旁开门、万字炕。至

永寿宫

今保留。

永寿宫随墙琉璃宫门，明代建，初曰长乐门。明嘉靖十四年（1535）随长乐宫改称毓德宫而改称毓德门。万历四十四年（1616）更毓德宫为永寿宫，门遂改为永寿门。清沿明旧。门前横巷，东为咸和右门，西为纯佑门。

宫为两进院，正门内有石影壁一座，传为元代遗物。前院正殿面阔5间。歇山顶，覆黄琉璃瓦，明间前后檐开门，次间、梢间槛窗，双交四椀菱花槅扇门、窗。殿内高悬乾隆皇帝御笔匾额"令德淑仪"，东壁悬梁诗正敬书乾隆《圣制班姬辞辇赞》，西壁悬《班姬辞辇图》。"班姬辞辇"指汉成帝时，曾诏命班婕妤与其同辇出游，但班姬认为帝王这样贪恋女色，会耽误朝政而予以坚辞。晋代顾恺之所绘《女史箴图》中即有这一记载。乾隆皇帝御制《班姬辞辇赞》，意在提倡和宣扬封建"女德"。前殿东西有配殿，各3间。后院正殿5间，东西亦有配殿各3间，后殿东西有耳房。后院东南有井亭1座。

明为妃嫔、清为后妃所居之处。明成化皇帝之母纪氏（后尊为皇太后），曾在此居住。明万历十八年（1590）皇帝曾在此召见过大学士申时行等；崇祯十一年（1638）以灾异屡见，崇祯皇帝斋居于此。

清顺治皇帝之董鄂妃、恪妃，雍正帝之熹贵妃（弘历生母，后谥为孝圣宪皇太后）居永寿宫。雍正十三年（1735），雍正皇帝崩，乾隆皇帝诣永寿宫问安。遵世宗遗命，乾隆元年（1736）移住慈宁宫。乾隆三十七年（1772）和硕和恪公主下嫁、五十四年（1789）

和孝固伦公主下嫁给和珅的儿子丰绅殷德，行初定礼在永寿宫设宴。嘉庆年间，如妃曾在此宫居住。

道光中晚期，各疆吏密奏匿于永寿宫。光绪年后，此宫前后殿均作为内府大库，收贮御用物件。

翊坤宫 内廷西六宫之一，位于永寿宫北，明清时为妃嫔居所。始建于明永乐十八年（1420），初称万安宫，嘉靖十四年（1535）改称翊坤宫。清沿明旧，于顺治十二年（1655）、光绪十年（1884）重修。

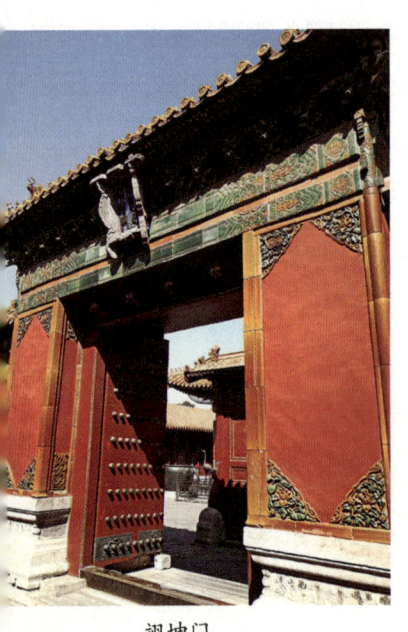

翊坤门为明代建，初曰万安门，明嘉靖十四年（1535）随万安宫改称翊坤宫而更现名。清沿明旧。门前横巷，东为广生右门，西为崇禧门，为出入六宫的门户。

翊坤宫原为二进院，清晚期将宫后院墙拆除，后殿改穿堂殿，匾曰"体和殿"。后殿东西耳房各三间。

前殿翊坤宫面阔5间，歇山顶，覆黄琉璃瓦，前后出廊。檐下施斗栱，梁枋饰苏式彩画。明间开门，为万字锦底、五蝠捧寿群板槅扇门，次、梢间为槛墙，

翊坤门

步步锦支摘窗，饰万字团寿纹。室内明间正中设地平宝座、屏风、香几、宫扇，上悬慈禧太后御笔"有容德大"匾。明间与东西次间装花梨木雕落地罩，将正间与东、西次间隔开，东西次间与梢

间用槅扇相隔。殿前设"光明盛昌"屏门，殿前陈设铜凤、铜鹤、铜炉各一对。逊帝溥仪在内廷居住时，曾在正殿前廊内安设秋千，秋千架尚在。东西有配殿曰延洪殿、元和殿，均为3间，前带廊，黄琉璃瓦硬山顶建筑。延洪殿清乾隆十九年（1754）毁于火，后重建。

后殿体和殿，面阔5间，硬山顶，覆黄琉璃瓦。前后开门，后檐出廊，东西两侧接游廊北转与储秀宫东西配殿相连。东西有配殿曰平康室、益寿斋。前东南有井亭1座。

光绪十年（1884）慈禧五十寿辰时移居储秀宫后，曾在此进膳。西2间亦连通，为饭后饮茶休息室。光绪皇帝选妃也在此举行。

储秀宫　内廷西六宫之一。明永乐十八年（1420）建成。原名寿昌宫，嘉靖十四年（1535）改曰储秀宫。清沿明旧，于顺治十二年（1655）、嘉庆七年（1802）重修。光绪十年（1884）为慈禧太后50寿辰，耗银63万两修缮改建，拆除宫门储秀门和宫前院墙，将翊坤宫后殿打通为穿堂殿，与储秀宫连通。

储秀宫原有宫门，明代所建，初曰寿昌门，明嘉靖十四年（1535）随寿昌宫改称储秀宫而更名储秀门。清光绪十年（1884）修建储秀宫工程时拆除。门外东西原横巷东门长泰门遂成墙门，东与大成右门相对，西出为西二长街，再西与咸熙门相向。

储秀宫面阔5间，进深3间，单檐歇山顶，覆黄琉璃瓦。明间开门，次梢间槛墙，槅扇门楠木雕万字锦底、五蝠捧寿、万福万寿群板；万字团寿窗格，步步锦支摘窗，均用楠木。饰苏式彩画。光绪十年（1884）储秀宫正殿、东配殿养和殿、西配殿绥福

储秀宫

殿均改为前出廊，转角加游廊与体和殿相连，游廊墙壁上镶贴的琉璃烧制的《万寿无疆赋》是慈禧太后50寿辰时众臣为祝慈禧寿辰所撰。院内陈设铜龙、铜鹿各一对，亦为光绪十年增设。室内明间正中设地平宝座，上为乾隆御笔匾"茂修内治"，东西次间、梢间以花梨木碧纱橱、花罩间隔，西梢间为暖阁，内设避风隔，是居住的寝室。殿两侧有屏风门，通后殿。

储秀宫之后殿丽景轩，原名思顺斋。光绪十年（1884）慈禧太后再次移住储秀宫时，撤除后殿原有木床18张，重新修缮，并定名曰丽景轩。丽景轩面阔5间，硬山顶，覆黄琉璃瓦，明间开门，有东西配殿，曰凤光室，猗兰馆，硬山顶，覆黄琉璃瓦。东南角有井亭1座。东西有耳房各3间。西耳房西有角门，可通西二长街。清代咸丰年间，慈禧初进宫时住在储秀宫，封兰贵人，进懿嫔，在此生载淳，即以后的同治皇帝。母以子贵，进懿妃，又封为懿贵妃。

清代同治十一年（1872）皇帝大婚后，嘉顺皇后阿鲁特氏居住在储秀宫，直到光绪元年（1875）二月去世。

慈禧垂帘听政期间，以圣母皇太后的身份住在储秀宫。慈禧在储秀宫前后一共居住了四十余年。因居住的位置在西六宫，习称慈禧为西太后。

清晚期在此建室内小戏台。清逊帝溥仪时曾在此举办西餐宴会。

太极殿　体元殿　内廷西六宫之一。建于明永乐十八年（1420），初曰未央宫。明嘉靖十四年（1535）以世宗之父兴献王朱祐杬生于此宫，更名曰启祥宫。清初沿明旧，于康熙二十二年（1683）、咸丰九年（1859）、光绪十六年（1890）重修或大修。清晚期改曰太极殿。殿原为两进院，咸丰九年（1859）改后殿为穿堂，遂与长春宫连为四进院落。太极殿面阔5间，黄琉璃瓦歇山式顶，前后出廊，明间开门，槅扇风门，万字锦地团寿字群板，次间、梢间均为槛墙、步步锦支摘窗。外檐绘苏式彩画，室内饰石膏堆塑五蝠捧寿纹天花。正中设地屏宝座，与东西次间分别以花罩、槅扇相隔。殿前方有高大的琉璃影壁，为咸丰九年大修长春宫时添建。东西各有配殿3间，原檐里装修，北次间开门，咸丰九年时改为前出廊，明间开门。

后殿咸丰御笔匾曰"体元殿"。原启祥宫后殿，清咸丰九年改建时将此殿改为前后开门的穿堂殿，硬山式顶，覆黄琉璃瓦。面阔5间，前后明间开门，次间、梢间为槛墙，支窗。室内明间、次间、东梢间有花罩相间，西梢间自成一室，有门与次间相通。亦有东配殿怡性轩，西配殿乐道堂。后殿东西各有耳房3间，其一间辟为通道以通长春宫院。殿后檐接抱厦3间，卷棚顶，覆黄琉璃瓦，面北与长春宫相向，为清晚期宫中唱戏之小戏台，亦称长春宫戏台。太极殿院宫门称启祥门，位于南墙东隅。初曰未央门，位在南墙正中，嘉靖十四年（1535）更未央宫为启祥宫，遂改宫门曰启祥门。清沿明旧。门前横巷，东为嘉祉门，东出北为西二长街。西亦称启祥门。明初，横巷西门称景福门。嘉靖十四年（1535）更名嘉德右门，此地明清两代多有变化，其位置当在今横街西端启祥门之西，现已无存。门外南至慈宁宫，西至雨花阁、寿安宫，是内廷西六宫连接外西路的重要通道。

明万历二十四年（1596）乾清、坤宁两宫灾后，明神宗朱翊钧曾在此宫居住；清同治、光绪时，慈禧太后曾居此及长春宫；清光绪十年（1884）慈禧50寿辰时，曾在此地演戏达半月之久。逊帝溥仪出宫前，同治帝的瑜贵妃亦曾居此。

长春宫　怡情书室　内廷西六宫之一，明永乐十八年（1420）建成，初名长春宫，嘉靖十四年（1535）改称永宁宫，万历四十三年（1615）复称长春宫。清康熙二十二年（1683）重修，后又多次修整。咸丰九年（1859）拆除长春宫的宫门长春门，并将启祥宫后殿改为穿堂殿，咸丰帝题额曰"体元殿"。长春宫、启祥宫两宫院由此连通。同治十二年（1783），为贺慈禧太后40寿辰，再次重修长春宫，添建两侧游廊。

长春宫面阔5间，歇山顶，覆黄琉璃瓦，前出廊，明间开门，槅扇风门，竹纹裙板，次、梢间均为槛窗，步步锦支摘窗。内明间设地平宝座，上悬"敬修内则"匾。左右有帘帐与次间相隔，

长春宫

梢间靠北设落地罩炕，为寝室。殿前左右设铜龟、铜鹤各1对。

东配殿曰绥寿殿，西配殿曰承禧殿，各3间，前出廊，与转角廊相连，可通各殿。廊内壁上绘有18幅以《红楼梦》为题材的巨幅壁画，为清晚期所绘。

长春宫南面，即体元殿的后抱厦，为长春宫院内的戏台。东北角和西北角各有屏门一道，与后殿相通。

后殿曰怡情书室，面阔5间，硬山顶，覆黄琉璃瓦。前檐明间开门，次间、梢间均为槛墙、支摘窗。外檐施以斑竹纹彩画。东西各有耳房3间。东配殿曰益寿斋，西配殿曰乐志轩，各3间。后院东南有井亭1座。

长春门拆除后，前横巷不存，原横巷东门敷华门遂成为长春宫院东墙门。西与绥祉门相对，东出为西二长街，经崇禧门、广生右门可至西一长街，是长春宫东出之通道。横巷西门绥祉门遂成为长春宫院西墙门，西出可至延庆殿。

此宫明代为妃嫔所居，天启年间李成妃曾居此宫。清代为后妃所居，乾隆帝孝贤皇后曾居住长春宫，逝后灵柩在此停放。

咸丰十年（1860）正月初十日，咸丰皇帝御长春宫，赐惠亲王绵愉、载垣、端华、僧格林沁、彭蕴章、穆荫、匡源、林翰、文祥等食。同治年间至光绪十年（1884），慈禧太后一直在此宫居住。

咸福宫　同道堂　为内廷西六宫之一。建于明永乐十八年（1420），初名寿安宫。嘉靖十四年（1535）更名为咸福宫。清沿明旧，于康熙二十二年（1683）重修。

咸福宫为两进院，正门咸福门为琉璃门，内有4扇木屏门影壁。前院正殿额曰"咸福宫"，面阔3间，庑殿顶，覆黄琉璃瓦，形制高于西六宫中其他五宫，与东六宫相对称位置的景阳宫形制相同。前檐明间安槅扇门，其余为槛扇槛窗，室内井口天花。后檐仅明间安槅扇门，其余为檐墙。殿内东壁悬乾隆皇帝《圣制婕妤当熊赞》，西壁悬《婕妤当熊图》。山墙两侧有卡墙，设随墙小门以通后院。殿前有东西配殿各3间，硬山顶，各有耳房。

后院正殿名同道堂，面阔5间，硬山顶，东西各有耳房3间。前檐明间安槅扇门，设帘架，余间为支摘窗；后檐墙不开窗。室内设落地罩隔断，顶棚为海墁天花。殿内东室匾额为"琴德簃"，曾藏古琴；西室"画禅室"，所贮王维《雪溪图》、米之晖《潇湘白云图》等画卷都是董其昌画禅室旧藏，室因此而得名。同道堂亦有东西配殿，堂前东南有井亭1座。前后院东西各有水房2间。

光绪二十三年（1897）内务府奉旨查勘咸福宫，宫内前后正殿、东西配殿、前后院东西水房瓦顶渗漏，瓦片脱落，破碎较重；前后院西水房后檐柱糟朽。清宫档案载有"查勘咸福宫应修各工情形酌拟做法清单"，于光绪二十二年（1896）十一月十九日在皇太后前具奏，在皇帝前述奏，奉旨："知道了，钦此。"后咸福宫修理工程因冬季及所处方向不宜动工等原因，光绪二十二年冬，只择吉日破土，于光绪二十三年三月十三日始兴修。此项咸福宫工程因内务府库款支绌，工程所用银十八万五千两由户部照数发给。

咸福宫曾为后妃所居。明万历时，惠王桂珖幼时曾在此居住。前殿为行礼升座之处，后殿为寝宫。清乾隆年间改为皇帝偶尔起居之处。嘉庆四年（1799）正月，乾隆皇帝逝世，嘉庆皇帝住于咸福宫守孝，下令不设床，仅铺白毡、灯草褥，以此宫为苫次（居亲丧的地方）。同年十月才移居养心殿。此后咸福宫一度恢复为妃嫔居所，道光皇帝琳贵人（庄顺皇贵妃）、成贵妃、彤贵妃、常妃等都曾在此居住。道光三十年（1850），咸丰皇帝住于咸福宫为道光皇帝守孝，守孝期满后仍经常在此居住。光绪时期，这里作为库房使用。

重华宫区

乾西五所 内廷西六宫以北五座院落的统称。明初建，位于乾清宫一线之西，西六宫之北，西二长街北端百子门外。与东路的乾东五所相对称，由东向西分别称曰头所、二所、三所、四所和五所，每所均为南北三进院，初为皇子所居。清初沿明制。乾隆帝即位前于雍正五年（1727）成婚居二所。即位后，将二所升为重华宫，头所遂改为漱芳斋，三所改为重华宫厨房等，拆四所、五所改建成建福宫花园。乾西四、五所遂不存。乾西五所原有规整格局不存。现唯重华宫厨房尚较多保留改建前原制。

重华宫 位于内廷西路西六宫以北，原为明代乾西五所之二所。弘历为皇子时，初居毓庆宫，雍正五年（1727）成婚后移居乾西二所，雍正十一年（1733），弘历被封为和硕宝亲王，住地赐名"乐善堂"。弘历登极后，此处作为肇祥之地升为宫，屡经修葺，大学士张廷玉、鄂尔泰拟宫名曰"重华"，取《尚书·舜典》孔颖达疏"此舜能继尧，重其文德之光华"之意。

重华宫南北三进院，重华门内第一进院，院内崇敬殿原为乾西二所前殿，面阔 5 间，进深 3 间，歇山顶，覆黄琉璃瓦，前接抱厦 3 间为改建后所添。檐里装修，明间开门，古钱纹菱花槅扇门 4 扇，余 4 间为槛窗，内明、次间连通，正中悬清世宗雍正皇帝御笔匾曰"乐善堂"，为改建前旧额。东西梢间为暖阁，为重华宫佛堂，内供佛像。殿东西各有配殿 3 间，黄琉璃瓦硬山式顶，均明间开门，次间辟窗；北接耳房各 2 间。

第二进院正殿为重华宫，面阔 5 间，进深 1 间，硬山顶，覆黄琉璃瓦，檐里装修，明间开门，余皆为窗，前接抱厦 3 间。殿内明间与东、西次间均以紫檀雕花槅扇分隔，东次间槅扇于光绪十七年（1891）拆除，改为子孙万代葫芦落地罩。东西有配殿各 3 间，东曰葆中殿，殿内额曰"古香斋"，此处曾收贮《古今图书集成》。北接耳房 3 间。西曰浴德殿，殿内额曰"抑斋"，为乾隆皇帝的书室。宫前东西各有井亭 1 座，东亭内有井，西亭为对称而设。

重华宫第三进院后殿翠云馆，面阔 5 间，进深 1 间，硬山顶，覆黄琉璃瓦，明间开门，余皆为窗。东次间内匾曰"长春书屋"，为乾隆皇帝即位前读书处。乾隆三十六年（1771）重修。黑漆描金装修。有东西配殿及东西耳房。

重华门外横巷东出角门可通漱芳斋群房，再东至御花园；西为重华宫厨房大门，再西面东小门可通建福宫；南与百子门斜对，为重华宫进出之主要门户。

自乾隆八年（1743）始，每岁新正召集内廷大学士、翰林等人在重华宫赐茶宴联句，参加者多为诸王、大学士、内廷翰林等，由皇帝选定，初时 12 人，后增至 28 人。联句由皇帝出题，并先出御制句定韵，群臣依韵恭和。当时视为韵事，并列为典礼之一。乾隆皇帝往往还另作律诗一二首，书悬于崇敬殿内，至乾隆六十年（1795）时已挂满四周。茶宴所用之"茶"用松实、梅花、佛手烹茶，故名"三清茶"。茶宴以果类为席，不赐馔、不赐酒。宴毕，赐每人所持用瓷杯，间或赐石砚、画卷等物。重华宫赐茶宴联句，据载乾隆年间共举行了 44 次。此后嘉庆皇帝将重华宫茶宴联句作为家法，于每年的正月初二至初十期间举行，嘉庆年间举行过十余次。道光年间仍时有举行，咸丰以后终止。

漱芳斋 即原乾西五所之头所。乾隆初年改乾西二所为重华宫后，遂将头所改称漱芳斋，并添建院内戏台 1 座，室内小戏台

1座，为重华宫宴集时演戏之所。

斋前后两进殿，中有穿堂相连，为"工"字殿形式。前殿面阔5间，进深3间，歇山顶，覆黄琉璃瓦。前檐明间开风门，余皆为窗。后檐明间接穿堂与后殿相连。室内明间与次间有落地花罩相隔，东次室原有额曰"静憩轩"，清乾隆七年（1742）御题，为旧时读书处。现东墙设多宝槅。

漱芳斋后殿面阔5间，进深1间，前檐明间接穿堂，余间为窗，后殿西耳房1间，西配房3间。清乾隆御题匾曰"金昭玉粹"。清道光、咸丰、同治等朝均曾奉皇太后或皇贵太妃等在此进膳。后殿东室与明间、西间相通，与东次室有灯笼框槛窗和槅扇门相隔，面西，有额曰"高云情"，与西室戏台相向，为侍宴观戏之处。西梢间室内小戏台，面东，额曰"风雅存"，为承应演戏之处。戏台后有门通西耳房。东室原有额曰"随安室"，现无存。

漱芳斋戏台位于斋前庭院南部正中，北向，后与南房相通，面各3间，重檐四角攒尖顶，黄琉璃瓦。台面90余平方米，为宫中最大的单层戏台。台左右有游廊，穿过东西配殿与前殿相连，东西有配殿各3间，前檐木雕挂檐板为后添。东配殿明间前后辟门，东出即御花园。

漱芳斋为新年等重大节日侍太后进膳、观剧之所，及宴赉廷臣、赋诗联句、赐宴蒙古回部番众之地。清乾隆以后，皇帝每年于此开笔书福，万寿节、圣寿节、中元节、除夕等常奉皇太后在此看戏侍午膳。清帝退位后，同治帝瑜妃、瑨妃曾居此，值太妃诞辰，在此传戏，直至出宫。

养心殿区

明代嘉靖十六年（1537）建，位于内廷乾清宫西侧。清初顺治皇帝病逝于此地。康熙年间，这里曾经作为宫中造办处的作坊，专门制作宫廷御用物品。康熙皇帝死后，大行皇帝梓宫奉安在乾清宫，雍正皇帝在此殿内守丧。这里曾作为祭奠之处。时诸大臣皆云，持服二十七日后雍正皇帝应居乾清宫。雍正皇帝表示，"乾清宫乃皇考六十一年所御，朕即居住，心实不忍，故御居养心殿，守孝二十七日，以尽朕心"。此后养心殿就一直作为清代皇帝的寝宫，一切政务，如批阅奏本、召对引见、宣谕筹划等，一如乾清宫。雍正帝住养心殿，制作宫廷御用物品的养心殿造办处各作坊即逐渐迁出内廷。有记载：雍正五年（1727），养心殿匠役作房不足应用，着官房内有可拆的木料移取十数间，盖在白虎殿内。至乾隆年间，养心殿造办处全部搬出。养心殿一组建筑经不断的改造、添建，成为一组集召见臣工、处理政务、皇帝读书及居住为一体的多功能建筑群。一直到溥仪出宫，清代有八位皇帝先后居住在这里。

养心殿为独立院落，南北长约63米，东西宽约80米，占地5000平方米，建筑10余座，房屋160余间。南北三进院，第一进院遵义门至养心门。遵义门位于内右门内，西一长街西侧，东向，与月华门相对，明代已有，初曰膳厨门，后改今名。门内琉璃影壁1座，影壁的壁心为黄琉璃贴砌，中心盒子以绿叶莲花、白色鹭鸶等彩色琉璃构成的画面，生机盎然。第一进院正中南向为养心门，琉璃门，左右为琉璃槛墙，门前陈设鎏金狮子一对。门内设有双扇木屏门，正门两侧各辟1小门，为便门。门内为琉璃转角影壁。门两侧接宫墙。门外有一东西狭长的院落，乾隆十五年（1750）在此添建连房三座，有房30余间，房高不过墙，进深不足4米，为宫中太监、侍卫及值班官员的值房。

第二进院为正殿养心殿所在地，东西有配殿。第三进院为后寝宫及东西围房，多为后、妃、嫔等临时居住之室。北宫墙东西辟有两小门。东曰吉祥，西曰如意，为通向内廷各处的便门。

养心殿为工字形殿，前殿为处理政务的场所，召见大臣、商议国事等都在这里。前殿面阔3间，通面阔36米，进深3间，通进深12米。歇山顶，黄琉璃瓦，明间、西次间接卷棚抱厦。前檐檐柱位每间各加方柱两根，外观似9间。正中开间稍大，其余各间均设槛墙，上为玻璃窗，方格支窗。后檐明间正中辟门，两次间各辟玻璃方窗两个。乾隆二十八年（1763）做养心殿院内工程时，将殿前御路石纹饰雕作升转龙花纹。

殿内明间顶部天花正中设浑金蟠龙藻井，下正中设地平宝座，上悬雍正元年御笔"中正仁和"匾。宝座后设屏，屏两侧各开1门，左曰"恬澈"，右曰"安敦"。门通穿堂，可达后寝殿。

北墙设书格，东西安板墙壁与两次间相隔，墙南侧各开1门，通东西暖阁。暖阁以板，或屏，或碧纱橱隔为数室。雍正二年（1724），雍正皇帝居养心殿，七月，做拉绳风扇二架，一架安在养心殿东暖阁寝室，一架安在西暖阁门北边，人在外边转动。雍正四年（1726），在东暖阁仙楼上横楣下安镶石青缎边斑竹帘架；

暖阁楼下为羊皮帐，帐内做夹幔。雍正时此处有沐浴房。

养心殿东次间及梢间为东暖阁，有联曰："忧其所可恃，惧其所可矜。"分前室、后室。前室靠窗为通炕，西南原有御笔匾曰"明窗"。东暖阁是皇帝休息和每年行开笔仪式的地方。清宫元旦开笔之仪，始于雍正皇帝。每逢元旦，在养心殿东暖阁桌案上陈设"玉烛长调"烛台，盛有屠苏酒的"金瓯永固杯"和刻有"万年青"字样的毛笔。皇帝于子时到此，先用朱笔，后染墨翰，各书吉祥用语数字，以祈一年之福。东壁背东面西设前后宝座，以黄纱帘相隔，为晚清同治、光绪年间慈安、慈禧两太后垂帘听政处。现在仍保留着慈禧垂帘听政的原状。

"金瓯永固"杯

东暖阁后室亦为2间，东1间小室，无窗，内有仙楼，原为供佛之处，室内有床，为皇帝在养心殿斋戒时的寝室。每年所制春帖子皆悬于此。西1间虚分两室，北有方窗，道光年方窗外连檐糟朽，明瓦破坏，修缮。西小间北窗下设宝座。西室内曾悬额曰"随安室""寄所托"等，均为御笔。《国朝宫史》载："皇帝斋戒之礼，恭遇祀宗庙、社稷，斋戒三日，群祀斋戒二日，并于养心殿。"皇帝斋戒，若不亲宿斋宫，即在养心殿的前殿东侧一个小寝室内致斋。养心殿斋戒，除刑部外，其余各衙门照常进本章，以防事件积压。有乾隆《御制养心殿斋居诗》。《嘉庆联句诗注》：

养心殿东暖阁"垂帘听政"处

"东暖阁自室中西北折而东,折而东南,上为仙楼,下分界为曲槅,温室御书各匾,随方向曲折揭于楣栿,配以联语。阁中匾曰'寄所托''随安室''斋室'。东仙楼西向一匾曰'如在其上'。"寄所托"道光时改为"藏修室",咸丰时仍改为"寄所托"。同治年间改为"福寿仁恩"匾。清晚期改曰"寿寓春晖"。

养心殿西暖阁前后隔为数室。西次间前室为"勤政亲贤"殿,联曰:"惟以一人治天下,岂为天下奉一人。"北设宝座,南为窗,东有板墙开门,与养心殿明间相通,为皇帝看阅奏折、召见大臣之所。为保守秘密,南窗外抱厦内设有木围屏。前室梢间内一小室,原名曰"温室",为皇帝读书处。乾隆年间,乾隆皇帝将王羲之《快雪时晴帖》、王献之《中秋帖》、王珣《伯远帖》视为稀世之珍收藏于此,易名曰"三希堂"。联曰:"怀抱观古今,深心托豪素。"

养心殿三希堂

养心殿临窗设地炕，炕上宝座面西，东墙上悬乾隆御书"三希堂"匾。堂后室，以蓝白两色几何纹图案方瓷砖铺地，西墙上通天地贴落《人物观花图》，为乾隆三十年（1765）宫廷画家郎世宁、金廷标合画，画中模仿的室内装修及地面与建筑连为一体。东墙有小门通"勤政亲贤"殿。"勤政亲贤"殿东为夹道，有门通后室。后室亦隔有小室，西室曰"长春书屋"，东室曰"无倦斋"。清乾隆年在此设仙楼，建佛堂。仙楼下圆光门内屉床安坐褥，集锦玻璃斗栱方为郎世宁、王致诚画。

清乾隆三十九年（1774），养心殿添建西耳殿，于养心殿西山墙辟门可通室内佛堂，门额曰"梅坞"。耳殿1间，面南，硬山顶，覆黄琉璃瓦。前檐槛墙上为玻璃屉窗，再上为冰裂纹棂格支窗、冰裂纹横披窗。西山墙开窗，外有梅花枝干组成的窗罩。窗外为西围房院。养心殿东西有配殿各五间，明代曰"履仁斋""一德轩"，清代无殿名，内供佛像，此处佛堂历年久远，各代相承，今仍保存原状。

养心殿的后殿明间与前殿明间后檐有穿堂相接，雍正元年（1723），穿堂北边东西窗安玻璃。后殿是皇帝的寝宫，共有5间，东西梢间为寝室，各设有床帐，皇帝可随意居住。乾隆七年（1742），后殿五间楠木包镶照式样换柏木包镶。

后殿两侧各有耳房五间，曰体顺堂、燕禧堂。

体顺堂，明代已建，称隆禧馆。雍正后稍有修葺。清咸丰改名曰绥履殿，咸丰十一年（1861）修绥履殿，将东尽间宝座床挪安明间，顺山安床。后曾改曰同和殿，光绪初年改曰体顺堂。堂前悬挂钤有"慈禧皇太后御笔之宝"的"体顺堂"匾。为皇后随居之处。同治初年，两宫皇太后垂帘听政，慈安皇太后曾在此居住。

燕禧堂，明代已建，称臻祥馆。内务府档有"雍正七年（1729）后殿西正房架子四架，桃红、松绿、月白、香色绸帐各一架"的记载。为贵妃等人居住。咸丰年改称平安室，光绪初年改曰燕禧堂。同治、光绪年间，两宫皇太后垂帘听政时，慈禧曾住燕禧堂，随时登临前堂，处理政务。

耳房两侧设有东西向围房十余间，围成两个小院，房间小室，内设床，置桌，摆设珍玩，陈设较简单。西围房同治年间曾挂"祥衍宜男""定生贵子"等匾，是供妃嫔等人随侍时临时居住的地方。

养心殿南院大连房一座，乾隆年间在此设御膳房，有厨役近70人，专司帝后及妃嫔的日常膳食。

乾隆六十年（1795），养心殿后殿东、西正房内花罩、床罩等或撤或换；东西围房俱各糊饰换毡。乾隆禅位后，仍居于养心殿，就近于乾清宫处理朝政，直至去世。同治皇帝载淳年幼即位之初，两宫皇太后于咸丰十一年十一月初一日，携载淳于养心殿东暖阁正式垂帘听政，设两太后宝座于皇帝宝座之后，中间以八扇黄屏风隔开。为使此举更具合法性，恭亲王等人还制定了《垂帘章程》。至同治十二年（1873），载淳已成年，两宫皇太后被迫撤帘归政。

同治十二年，同治皇帝亲政之时，养心殿处房屋多有渗漏，时工程修缮记载，养心殿前抱厦天沟、梅坞前檐、东西佛堂、东西夹道围房渗漏，后殿同和殿、燕喜堂五间，东西围房七间渗漏，或捉节夹陇，或揭宽；养心殿院即前院地面全行挑墁；正殿内外檐油饰，殿内天花板、毗卢帽、隔断板均照旧油饰见新。养心殿东西配殿及养心门外各值房之瓦因年久，破碎较多。旧瓦拣选调换三成，换用新料。

同治十三年，皇帝载淳逝于养心殿，年19岁。因无子嗣位，两宫太后召惇亲王奕誴、恭亲王奕䜣、醇亲王奕譞等，宣懿旨，择立醇亲王之子载湉（即同治帝年幼的叔伯兄弟），承继文宗，入承大统，为嗣皇帝，俟嗣皇帝有子，再承继大行皇帝。两宫皇太后再次垂帘。光绪七年（1881）慈安皇太后暴死。光绪皇帝亲政后，因支持戊戌变法，慈禧解除了光绪帝的皇权，囚于瀛台。慈禧再次临朝10年，直至去世。

1911年辛亥革命后，由隆裕皇太后主持在养心殿召开御前会议，于1912年2月12日宣布宣统皇帝退位。

建福宫区

启祥宫之西，南向者为延庆门，门内为延庆殿。殿后为建福宫区，有抚辰殿、建福宫、惠风亭。建福宫西有花园，乾隆年间建，园中楼台轩馆，亭堂斋室，点景密集。民国十二年（1923）建福宫花园毁于火。1999年复建。

延庆殿　清代建，位于内廷太极殿西侧，面阔3间，黄琉璃瓦歇山顶。殿前为延庆门，门外左右各有东西向配房5间，黄琉璃瓦硬山顶，东南角开随墙小门1座，通太极殿院。清宫旧制，立春日，皇帝在宫中延庆殿九叩迎春，为民祈福。

殿西有门通雨花阁院。北有广德门，门外东有绥祉门通长春宫院，再北即建福宫。

建福宫　建福宫位于内廷西路西六宫西侧，前有抚辰殿、建福门，后至惠风亭，围成了一座东西宽约21米，南北长逾110米的院落。

建福门是建福宫的正门，位于南端宫墙正中，琉璃门座，开宫门2扇，东西各有随墙角门1座。门内居中为抚辰殿，南向，面阔3间，进深3间，卷棚歇山顶，蓝琉璃瓦黄剪边。前檐明间三交六椀菱花槅扇门4扇，次为槛窗；后檐出廊明间为槅扇门，次间砌墙，中有高台甬道，左右有抄手游廊9间，与建福宫相连。殿内乾隆御笔额曰"敛福宜民"，联曰："生机对物观奇妙，义府因心获所宁。"

建福宫面阔5间，进深3间，卷棚歇山顶，黄琉璃瓦绿剪边。

檐下施斗栱，前后檐明间各安4扇三交六椀菱花槅扇门，次、梢间前檐为槛窗，后檐为砖墙。室内明、次间以槅扇分隔，形成"一明两暗"的格局。明间后檐金柱间设槅扇，槅扇前设宝座，上悬乾隆御书"不为物先"匾。内檐黑漆描金槅扇，群板、绦环板绘五彩吉祥图案，双层灯笼锦棂条格心，夹纱。东次间后檐红漆描金炕罩，室内联曰："交泰三阳肇羲象，敛时五福协箕畴。"西次间后檐设落地罩，内供奉神位。西室联曰："香蔼绮疏，惠圃敷荣滋湛露；风清钿砌，芝房擢秀映长春。"顶棚、墙壁糊饰团花纹银花纸。

建福宫建于清乾隆七年（1742），在乾西五所之第四所及其以南的狭长地段上修建而成。嘉庆七年（1802）重修。建福宫所建之义，见乾隆四十四年御制建福宫题句："初葺建福宫，乃在'壬戌'岁。循名及责实，其义赋中备。亦有引未发，则别具深意。忆当元二年，廿七月守制。宫居未园居，夏月度两次。炎热弗可当，少壮禁之易。慈闱祝万龄，然终必有事。图兹境清凉，结宇颇幽邃。庶可逭烦暑，以为日后备。前岁遭大故，畅春虔奉置。因循乃园居，向意惜未遂。慈宁南花园，实复同斯例。长年孰弗愿，筋力难从志。缺礼实已多，永言志吾愧。"

建福宫初建时拟为乾隆皇帝"备慈寿万年之后居此守制"之用，后因故未行。乾隆皇帝时常到建福宫游憩，吟咏颇多，有《建福宫赋》《建福宫新春诗》《奉皇太后建福宫赏花侍膳诗》《建福宫对雨诗》《建福宫红梨花诗》等。

清宫定制每年嘉平朔日（腊月初一），皇帝御此宫开笔书福，以贺新禧。乾隆帝每岁末于此宴赉蒙古王公。

乾隆时期，宫中奇珍异宝收藏于建福宫一带的许多殿堂。嘉庆时曾下令将其全部封存。道光三十年（1850）正月，文宗继位，诏追封嫡福晋太常寺少卿富泰之女萨克达氏（？—1849）为皇后。神位设于建福宫。

咸丰三年（1853），咸丰皇帝奉皇贵太妃在此进膳。

孝贞显皇后（慈安）的神位曾设于此宫。

光绪九年（1883），光绪皇帝行孝贞释服礼，在建福宫；二十二年（1896），光绪皇帝诣建福宫孝贞显皇后圣容前行礼。

建福宫两侧游廊穿行至殿后即惠风亭。亭为正方形，面各三间，重檐攒尖式顶，上覆紫色琉璃瓦，孔雀蓝琉璃瓦剪边。白石须弥座台基，周以白石栏板、云纹望柱。

惠风亭北为静怡轩。

亭之北以红墙相隔出院落，院中即建福宫花园之静怡轩、慧曜楼。

建福宫花园 亦称西花园，因位于内廷西侧而得名。乾隆七年（1742）始建，占地约4 020平方米，园内建筑以延春阁为中心，有静怡轩、慧曜楼、延春阁、敬胜斋、吉云楼、碧琳馆、妙莲华室、凝晖堂、积翠亭等建筑十余座。

延春阁 建福宫花园内主体建筑之一。位于建福宫西侧，建于清乾隆七年（1742）。阁2层，平面呈方形，下层各面阔5间，周围带廊，出单檐，上覆琉璃瓦，上层各面阔3间，周围廊，四角攒尖式顶，覆以琉璃瓦，中置琉璃宝顶。一、二层之间为夹层。

阁内一层隔为数室，南面匾曰"惠如春"，联曰："瑶阶鹤绕三株树，玉宇莺鸣九子铃。"又联曰："玉砌风清，五色祥光连栋宇；铜签昼静，四时佳气集蓬壶。"东室门上匾曰"清华"；西室门上匾曰"朗润"。东次室联曰："四序调和怀育物，万几清暇爱摊书。"东面室内匾曰"洁素履"，联曰："山水之间发清响，古今以上多同人。"右室联曰："拂槛露浓晴树湿，卷帘风细落花香。"西面匾曰"静观自得"，联曰："闲为水竹云山主，静得风花雪月权。"又曰："燕贺莺迁，乐意相关禽对语；兰芽桂蕊，生香不断树交花。"左室匾曰"芝田"，右室匾曰"兰畹"。二层楼上匾曰"澄怀神自适"，联有三，一曰："吟情远寄青瑶障，悟境微参宝篆香。"一曰："春霭帘栊，氤氲观物妙；香浮几案，潇洒畅天和。"一曰："绿水亭前罗带绕，碧山窗外画屏开。"最上楼匾曰"俯畅群生"。

阁东西两侧砌有虎皮墙，各辟1门，设什锦窗。阁前植牡丹，为建福宫花园佳景之一。乾隆三十一年（1766），乾隆皇帝曾奉皇太后在此观灯。

有乾隆御制《延春阁对雪》《雪后登延春阁眺望》诗。

延春阁前叠石为山，岩洞登道，幽邃曲折，间以古木丛篁。山上有亭曰"积翠"，山左右有奇石，西曰"飞来"，东曰"玉玲珑"。山之西穿石洞而南，洞镌御笔曰"鹫峰"。南有静室，东向匾曰"玉壶冰"，又匾曰"鉴古"，联曰："湘管摛新会，云编发古香。"折而南有联曰："地学蓬壶心自远，身依泉石兴偏幽。"又曰："奇石尽含千古秀，好华常占四时春。"其上有楼，供大士像。有联曰："智珠不断恒河界，明镜常悬兜率边。"又曰："流水如有意，高云共此心。"

有乾隆御制《玉壶冰》诗。

静怡轩　静怡轩是建福宫花园中建筑体较大的一座，面阔5间，进深3间，周围廊，三卷勾连搭式屋顶，前檐出抱厦3间，左右有游廊与前矮垣相接。西侧游廊亦为静怡轩院的西院墙，辟垂花门。

轩内匾曰"与物皆春"，联曰："雨润湘帘，苑外青峦飞秀；风披锦幕，阶前红药翻香。"西室匾曰"四美具"。屏间为乾隆御书"视、听、言、动、思"五箴。室后联曰："墨壶琴荐相先后，旧咏新裁自品评。"又联曰："兰殿霭晴晖，炉烟结翠；芝宫呈秀采，砌草舒芳。"是乾隆皇帝为守制所居而建，但未遂初茸之意。建成后，乾隆皇帝曾于四十二年（1777）、四十三年（1778）在此避暑，亦不曾作诗，以体验"意静身则怡"的意境。

有乾隆皇帝《静怡轩晚对雨》《静怡轩作歌》《静怡轩诗》《静怡轩摘梅诗》《题静怡轩》诗。

静怡轩后与北宫墙相隔不足5米，为一处东西狭长的空地，乾隆二十二年（1757）在此增建佛楼一座，称慧曜楼，这是建福宫一组建筑中最后建成的建筑。楼坐北面南，面阔7间，进深1间，上下2层，下层东间设楼梯，西6间供佛像。上层西6间开安叠落天井楼口6个。

慧曜楼西为吉云楼，上下2层，各3间，歇山顶。楼内联曰："吉云垂大地，慈镜照诸天。"楼下额曰"如是室"，联曰："华海澄明，性源离色相；法铃朗澈，觉地了声闻。"吉云楼西为敬胜斋。

敬胜斋　面阔9间的敬胜斋,斋外观9间,内分为东西两部分。东5间乾隆七年(1742)建,与延春阁相对,西4间偏于花园的西北角,为乾隆八年(1743)西墙西移后所添建。东5间两侧前接游廊与延春阁相连。室内阁上额曰"旰食宵衣",联曰:"看花生意蕊,听雨发言泉。"阁下西室额曰"性存",联曰:"致虚涵白室,式古凛丹书。"阁之西额曰"德日新",联曰:"牙签披古鉴,香篆引澄怀。"

有乾隆御制《敬胜斋诗》。

敬胜斋西有碧琳馆,馆依西垣而建,面东,二层,小巧玲珑,曲折随形就势,遮挡住高大的宫墙。楼上东向匾曰"静中趣",联曰:"参得王蒙皴法,写将杜甫诗情。"又联曰:"与物皆春,花木四时呈丽景;抗心希古,图书万轴引清机。"又左联曰:"轩墀饶秀润,书史足吟哦";右联曰:"味道研精义,岁时爱景光。"楼下联曰:"窗意包涵画,天容醖(酝)釀(酿)春。"馆前叠石,种植竹、桧。

有乾隆御制《碧琳馆诗》。

碧琳馆南妙莲华室,坐西面东,有联曰:"青莲法界本清净,白毫相光常满圆。"又有联曰:"转谛在语言而外,悟机得真实之中。"

妙莲华室南为凝晖堂,面东三间,堂中有联曰:"十二灵文转宝炬,三千净土荫慈云。"有南室曰"三友轩"。乾隆十二年,乾隆帝以旧藏有曹知白十八公图、元人君子林图、元人梅花合卷庋轩中南室,遂以"三友轩"颜额,并御制三友轩长诗,书以巨幅悬于轩内。轩外植松竹梅。

有乾隆御制《题三友轩诗》《三友轩诗》。

建福宫及其花园原址为明代的乾西四所、五所，弘历幼时颇受皇祖康熙皇帝的宠爱，康熙皇帝曾命养育宫中。雍正元年（1723）立为太子居毓庆宫，五年（1727）大婚，迁至乾西二所。践阼之后，乾西二所升为重华宫。其后，于清乾隆六年（1741）筹办物料，乾隆七年（1742）始建建福宫花园。至乾隆二十二年（1757），历经十六年，建福宫花园渐次构成。

建福宫的始建年代，官方史料记载均为清代乾隆五年（1740）。其中最早的记载当见于乾隆三十九年（1774）成书的《国朝宫史》。朱偰认为当在乾隆七年（1742），曾在其《明清两代宫苑建置沿革图考》中指出唯乾隆自制建福宫题句云"初葺建福宫，乃在壬戌岁"（壬戌年为乾隆七年）。

据清宫档案记载，乾隆六年（1741），乾西四所、五所挪在东厂盖造。原四所、五所地方新建工程照烫胎式样盖造。其青白石料乾隆六年冬运至工所；木植一项按节省之例备办；琉璃瓦料，令工部并西窑二处分办；砖瓦灰斤即派员采办。备料于各工相近地势堆贮应用。备办物料银五万两，奉旨：着动用广储司银两。

乾隆六年十二月二十六日奏：所需杉木行文工部取用，绫绢纸张、铜锡物料向广储司领用，亮铁槽活交武备院办造，其需用颜料将户部现在库存有者，行文取用，不敷者，本工再行采办，约估应需办买木石砖灰、绳麻钉铁料并给发各作匠夫工价等项，共银十二万三千四百八十两四钱一分三厘。再堆山、拉运石料并出运渣土等项，现在难以估计，暂请领银十三万九千四百八十两四分三厘。

乾隆七年（1742）春兴修。

西花园的建造年代非蒇事于是年，当为渐次构成。乾隆七年（1742）建成的有静怡轩、延春阁、敬胜斋（东五间），有乾隆七年（1742）《御制静怡轩晚对雨》诗、《御制延春阁对雪》诗为证。档案记载，乾隆八年（1743）英华殿东边跨院拆除，内廷乾西五所西墙东移，随之，敬胜斋西5间、碧琳馆、妙莲华室、凝晖堂相继建成。《乾隆京城全图》所绘，已建成的有建福宫、抚辰殿、惠风亭、静怡轩、吉云楼、敬胜斋、凝晖堂、延春阁、玉壶冰室、延春阁前的叠石堆山及山上的积翠亭，主要建筑已经基本就绪。乾隆十七年（1752），乾隆曾作《御制碧琳馆》三首。慧曜楼建成为乾隆二十二年（1757），于静怡轩后建。乾隆三十九年和四十年相继刊行的《国朝宫史》《日下旧闻考》有关建福宫一文记载均增有慧曜楼、碧琳馆、妙莲华室等。其中从乾隆七年（1742）至乾隆十五年（1750）以后，花园内建筑仍有所改建、添建。

乾隆十五年（1750），延春阁上、下檐周围廊并三面游廊，惠风亭月台周围厢条；静怡轩周围廊、前抱厦三间、游廊二座、垂花门一座，敬胜斋前廊，凝晖堂前廊，并吉云楼下檐、上檐三面廊，添作青白石、擎檐，阶条石具铺墁花斑石料；延春阁等处拆得金砖移于抚辰殿、建福宫两边游廊、丹陛换墁。

乾隆十九年（1754），建福宫内玉壶冰改建歇山楼二座，计6间；转角游廊一座，计7间；成砌月台一座，安砌汉白玉石栏板柱子二十二堂；粘修暗沟十丈四尺八寸，以及油饰、彩画、裱糊等项工程。

乾隆二十年（1755），静怡轩后南北改砌院墙二道；拆按吉云楼东山踏跺、栏板、柱子；吉云楼前成堆黄太湖石点景、拆砌暗沟，板墙门口找补油饰彩画；敬胜斋东山曲尺游廊内改做门口板墙、拆墁花斑石地面。

乾隆二十二年（1757），静怡轩后新建慧曜楼一座。东边改盖耳房殿一间，西边添建过桥游廊一间，成做明瓦天棚一座。吉云楼东山添安顶桩柱子、改安横楣栏杆，添做板墙，改作青白石踏跺。

乾隆二十八年（1763），慧曜楼东边大墙加高；碧琳馆换墁瓷砖地面。

乾隆二十九年（1764），敬胜斋换墁金砖地面；静怡轩换墁金砖地面。

民国十二年（1923）十一月二十五日，静怡轩、延春阁、敬胜斋等处皆毁于火，整座花园连同无数珍宝化为灰烬，仅存遗址。

建福宫花园复建 时隔 75 年后，1999 年，故宫博物院启动了建福宫花园复建工程。以香港企业家陈启宗为主席的香港中国文物保护基金会通过中华文物交流协会，为复建工程捐资 400 万美元。1999 年，故宫博物院与香港中国文物保护基金会关于建福宫花园捐资复建工程的协议正式签署。复建工程包括建福宫花园及建福宫后半部分建筑，占地面积 3 850 平方米，复建建筑面积 4 000 余平方米。工程分两期进行，计划五年时间完工。故宫博物院承担工程施工。2000 年 5 月 31 日，复建工程一期正式开工，故宫博物院在建福宫花园遗址举行了隆重的复建工程开工典礼。

2006 年 5 月，建福宫花园复建工程竣工。

慈宁宫区

慈宁宫一区为明清皇太后及太妃嫔们居住的区域,包括供居住的慈宁宫、寿康宫、寿安宫,寿东宫、中宫、西宫,寿头所、二所、三所;礼佛敬佛的大佛堂、英华殿,及慈宁宫花园。

慈宁宫 慈宁宫位于内廷隆宗门外西侧,始建于明嘉靖十五年(1536)建,为明朝前代皇贵妃等所居。万历年间因灾重建。清沿明制,于顺治十年(1653)重修,始为皇太后所居之正宫。康熙二十八年(1689)、乾隆十六年(1751)均加以修葺,仍为皇太后居住的正宫。乾隆三十四年(1769)兴工将慈宁宫正殿由单檐改为重檐,并将后寝殿后移,始定今之形制。宫为前殿后寝制,中为高台,慈宁宫居中,后为寝殿(即大佛堂),宫前为慈

慈宁宫

宁门，门外为东西狭长广场，东西相向为门，东曰永康左门，东出东北斜对隆宗门，南为内务府造办处，是慈宁宫进出的重要门户。西曰永康右门，可通西河沿。广场南侧与慈宁门相对的为长信门，北向，琉璃门3座。清制凡大朝贺，慈宁门前设皇太后仪驾，文武二品以上大臣，俱于门外随班行礼。长信门内南原有永安门，东西有迎禧门、览胜门，现均无存。再南与之相对处为长庆门，又名南天门，位于慈宁宫花园南墙东段，琉璃门，南向，北与永安门、长信门、慈宁门、慈宁宫及后殿同在一条轴线上，慈宁宫院东、西、南为廊庑，接慈宁门，向北接后寝殿之东西耳房。宫之两侧有卡墙设垂花门，将宫分为前后两进院，前院东西庑中为门，东曰徽音左门，西曰徽音右门。

　　慈宁门是慈宁宫的正门，南向，始建于明代，清乾隆年间改建慈宁宫时一并拆建，为殿宇式大门，面阔5间，进深3间，坐落于汉白玉石须弥座上，周围环以石雕望柱、栏板。门前出三阶，当中设龙凤御路石。阶前左右陈列铜鎏金瑞兽各一。后檐金柱装修，明间、次间开门，两梢间前檐里槛墙，安装槛窗，后檐金柱间为砖墙。檐下施单翘单昂五踩斗栱，梁枋绘金琢墨石碾玉旋子彩画，天花沥粉贴金龙凤纹。门额满、蒙、汉三种文字，汉文为篆体，在紫禁城内较为罕见。门两侧接黄琉璃瓦顶八字琉璃影壁，壁心琉璃盒子及岔角饰菊、兰、牡丹等花卉图案。影壁之后有转角庑房与慈宁门两山相连。前院东西向中徽音左右门，均为屋宇式大门，3开间，歇山顶，覆黄琉璃瓦。明间中柱装修，开门，两次间砌墙与明间相隔，墙各辟小门，是为值房。其门额均左为满文，右为汉文小篆书，为宫中仅见。西庑徽音左门东出可通慈宁宫东跨院。徽音右门西出至寿康宫。

清代逢皇太后圣寿节时，在慈宁门内外陈设仪仗，皇帝、皇后分率王公大臣、王妃命妇等在此行礼朝贺。

门内接高台甬道与慈宁宫月台相连。

正殿慈宁宫居中，前后出廊，重檐歇山顶，覆黄琉璃瓦。面阔7间，当中5间各开4扇双交四椀菱花槅扇门。两梢间为砖砌槛墙，各开4扇双交四椀菱花槅扇窗。殿前出月台，正面出三阶，左右各出一阶，台上陈设月晷及鎏金铜香炉。东西两山设卡墙，各开垂花门，通后院。

明万历年间慈圣李太后卒，泰昌元年（1620）神庙郑皇贵妃，昭妃等在此居住；天启七年（1627）明熹宗卒，其皇贵妃等人移居此处。

清朝顺治十年（1653），孝庄文皇后始居慈宁宫，自此慈宁宫成为太皇太后和皇太后的住所，太妃、太嫔等人随居。后各代皇太后及太妃、嫔等均曾居此宫。后慈宁宫作为皇太后的正宫，凡遇皇太后圣寿节、上徽号、进册宝、公主下嫁等重大典礼活动，宫中均在此处举行庆贺仪式。

清宫逢皇太后寿诞，举行圣寿节宴仪，由宫殿监请旨备办，皇太后在本宫中赐皇后、皇贵妃等位宴。照例设中和韶乐，丹陛大乐。乾隆十六年（1751）十一月二十五日，乾隆皇帝在慈宁宫行祝寿礼，庆贺母亲崇庆皇太后60寿辰。皇帝率诸王大臣向皇太后行三跪九拜礼；皇后率内廷各妃嫔、公主、福晋和大臣命妇向皇太后行六肃三跪二拜礼；皇子、皇孙向皇太后行三跪九叩礼。皇帝与近支皇戚一同彩衣起舞称贺，礼节十分隆重。崇庆皇太后70寿辰举办的圣寿宴最为隆重。庆寿十天期间，每天早晚膳皇帝率后妃等人侍宴，乾隆帝还身着彩衣捧觞上寿，起舞助兴。

皇太后的茶房称寿茶房、膳房称寿膳房。清中期设在慈宁宫。寿茶房专司皇太后日用茶点、瓜果、人乳、牛乳、南糖、零吃制作等事。寿膳房下设五局即荤局、素局、点心局、饭局、百合局，附有小厨房，名"野味厨房"。

每年正月十六日，皇太后在慈宁宫宴请下嫁外藩的公主、郡主及蒙古王公的福晋、夫人等。届时，皇后、妃嫔、诸王、贝勒、贝子、公的夫人，满洲一品大臣的命妇们都来赴宴。

公主订婚或下嫁，皇太后在慈宁宫设宴招待额驸的母亲及族中的夫人们。

清道光时期，皇太后多次下懿旨，停止慈宁宫行礼朝贺、筵宴作乐，压缩开支。

若皇太后去世，梓宫奉安于慈宁宫中，皇帝至此行祭奠礼。

慈宁宫后殿，明嘉靖十五年（1536）与慈宁宫同期建成，为皇太后的寝宫。清沿明制，于顺治十年（1653）重修。乾隆三十四年（1769）慈宁宫兴工时后移至现在位置，将寝殿改为佛堂，即大佛堂，始定其制。

大佛堂面阔7间，进深3间，歇山式顶，覆黄琉璃瓦。7间皆开门，双交四椀菱花槅扇门。殿前月台与慈宁宫相接，台上陈设香炉、香筒。殿内装修考究，佛龛、供案、佛塔、佛像、经卷、法物、供器等陈设很多。明代初年塑制的干漆夹纻三世佛与十八罗汉像，为传世塑像中的精品。殿内原悬清康熙皇帝御书"万寿无疆"匾，和乾隆皇帝御书"百八牟尼现庄严宝相，三千薝蔔闻清净妙音""人天功德三摩地，龙象威神两足尊"联两副。

大佛堂东庑设小佛堂，内悬康熙皇帝御书"四星客华"额。清代为太后、太妃等日常礼佛之所。宫中于此处设首领太监、副首领太监、太监共39名（内充喇嘛者过半），负责大佛堂日常洒扫、上香、念经等事宜。

大佛堂内塑像、陈设等，于20世纪70年代暂借洛阳白马寺小殿内安供，尚未归还。

寿康宫　位于内廷慈宁宫西侧。清雍正十三年（1735）始建，至乾隆元年（1736）建成，嘉庆二十五年（1820）、光绪十六年（1890）重修。

寿康宫南北三进院，院墙外东、西、北三面均有夹道，西夹道外有房数间。院落南端寿康门为寿康宫正门，南向，两次间各辟1角门。门外东西值房各1间。门前为一个封闭的小广场，南为寿康宫南群房，有西房7间。广场东侧是徽音右门，东出即慈宁宫前院。院东北角有北向小门，北通东夹院，可至西三所。

寿康门内正殿即寿康宫。殿坐北朝南，面阔5间，进深3间，歇山顶，覆

寿康门

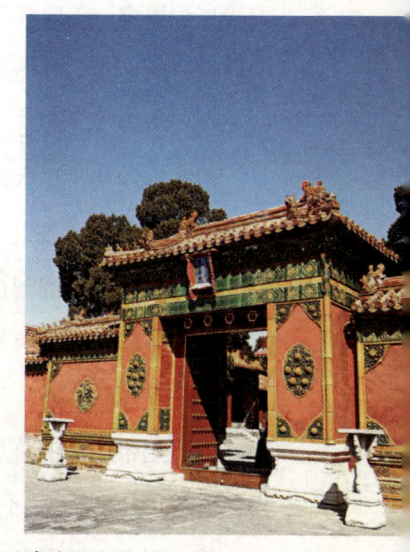

黄琉璃瓦，前出廊，明间、次间各安三交六椀菱花槅扇门4扇，梢间为三交六椀菱花槅扇槛窗各4扇，后檐明间与前檐明间相同，其余开窗。殿内悬乾隆皇帝御书"慈寿凝禧"匾。东西梢间辟为暖阁，东暖阁是皇太后日常礼佛之佛堂。殿前出月台，台前出三阶，中设御路石，月台左右亦各出一阶。

寿康宫东西配殿面阔各3间，硬山顶，覆黄琉璃瓦，前出廊。东配殿明间安槅扇门，西配殿明间槅扇、风门为后来改装。次间均为槛窗，每间用间柱分为两组，窗棂均为一抹三件式。两配殿南设耳房，北为连檐通脊庑房，与后罩房相接。

寿康宫以北是第二进院，后殿为寿康宫的寝殿，额曰"长乐敷华"，有甬道与寿康宫相连。乾隆、嘉庆、光绪等朝均曾大修。殿面阔5间，进深3间，歇山顶，覆黄琉璃瓦。前檐出廊，明间安步步锦槅扇、玻璃风门，次、梢间安窗，上为步步锦窗格，下为玻璃方窗。室内以槅扇分为5间。后檐明间开槅扇门，接叠落式穿堂，与后罩房相连，为工字殿形式。

寿康宫为清代皇太后居所，太妃、太嫔随居于此，皇帝每隔两三日即至此行问安礼。乾隆朝崇庆皇太后、嘉庆朝颖贵太妃、咸丰朝康慈皇太后都曾在此颐养天年。崇庆皇太后去世后，乾隆皇帝仍于每年圣诞令节及上元节前一日至寿康宫拈香礼拜，瞻仰宝座，以申哀慕之情。

道光皇帝宣宗继位后，尊嘉庆皇帝的第二位皇后孝和睿皇后为皇太后，居寿康宫，上徽号恭慈皇太后。道光二十九年（1849）皇太后（嘉庆孝和睿皇后）逝于此宫，后奉安梓宫于慈宁宫。咸丰三年（1853）葬于清西陵之昌西陵。

永康左门北有一随墙门慈祥门，东向，东北与启祥门斜对。门内北为寿康宫第三所，南为头所、二所；西进一东西长巷，南为慈宁宫院，北部东西横向排列三座院落，称东宫、中宫、西宫，亦为太妃嫔们居住。长巷西墙辟门，通寿康宫。

慈宁宫花园 位于内廷慈宁宫西南，始建于明代，是明清太皇太后、皇太后及太妃嫔们游憩、礼佛之处。南北长 130 米，东西宽 50 米，占地约 6 500 平方米，建于明代。花园中原有临溪观、咸若亭等建筑，万历十一年（1583）改名为临溪亭、咸若馆。清乾隆年间进行过大规模的增建、改建，现有咸若馆、含清斋、延寿堂、慈荫楼、吉云楼、宝相楼、临溪亭等大小建筑 11 座。左

慈宁宫花园

右对称布局，地面平坦，环境优美。

花园分为南北两部分。北半部以咸若馆为主，左右有宝相楼、吉云楼，后有慈荫楼，内设佛龛，供佛像，或设佛塔，或藏佛经。

花园南半部以临溪亭为主，地势平坦开阔，莳花种树，叠石凿池，太后、太妃嫔们在悠闲寂寞中亦得山林之趣。临溪亭再向南为湖石叠山，视为花园南屏。绕过叠山即为花园的南入口。

咸若馆 位于慈宁宫花园北部中央，是园中主体建筑，为清代太后、太妃礼佛之所。明代初建时称咸若亭，万历十一年（1583）更名曰咸若馆。清乾隆年间先后大修、改建。

馆坐北朝南，正殿5间，歇山顶，覆黄琉璃瓦，前檐接抱厦3间，卷棚歇山顶，覆黄琉璃瓦。四周出廊。室内龙凤和玺彩画，顶部为海漫花卉天花。内明间柱子按藏式佛殿装饰。

馆内为佛堂，东、北、西三面墙壁通连式金漆毗卢帽梯级大佛龛，庄严神秘。明间悬清乾隆皇帝御书"寿国香台"匾，陈设龛、案、佛像、法器、供物等。乾隆

咸若馆

三十六年（1771）添造挂龛24座。龛内皆有涂金佛像。

宝相楼 位于慈宁宫花园东北部，咸若馆东侧。明代原为咸若馆东配殿，清乾隆三十年（1765）改建为楼式建筑。清代为皇太后、太妃们的礼佛之所。

宝相楼坐东面西，上下两层，面阔7间，卷棚歇山顶，绿琉璃瓦黄剪边。前檐出廊，明间开门。下层南北墙各辟1小门，门内为楼梯间，循梯而上即可至2层。上下层均隔为既连通又独立成室的7间佛堂，除明间外，其余6间均于下层天花处开天井，使上下两层因天井而贯通，上层环天井设紫檀木围栏。

楼下明间原供释迦佛立像，其余6间分置"大清乾隆壬寅年敬造"款掐丝珐琅大佛塔6座，塔顶直达天井口。塔周围三面墙壁上均挂通壁大唐卡，共画护法神像54尊。楼上明间原供木雕金漆宗喀巴像，三面墙壁挂释迦画传、宗喀巴画传唐卡。其余6间正面设供案，供显宗、密宗主尊像，每室9尊，共54尊，与楼下6室所供54尊护法神像相对应；两侧面设壁嵌式千佛龛，每间供小铜像122尊，6室共计732尊；千佛龛下为壁隔式紫檀木经柜，藏贮各种佛经。

宝相楼除明间外，其余6室依显宗、密宗、事部、行部、瑜伽部、无上瑜伽部父续、无上瑜伽部母续分别配供佛像、唐卡、供器，集显宗、密宗为一体，体现了藏传佛教格鲁派显密兼修的修持特色，成为清宫佛堂的一种重要模式，清宫称之为"六品佛楼"。

吉云楼 位于咸若馆西侧，坐西面东，面阔7间，东与宝相楼相对。明代原为咸若馆西配殿，清乾隆三十年（1765）改建为二层楼阁，三十六年（1771）悬满汉文"吉云楼"匾。

楼室内上下正中均供有大尊佛像。佛像两侧各有一个长方形底座及多层台阶的金字塔式供台，供台顶部是一道长墙式的千佛龛。供台上层层摆放五彩描金擦擦佛母像。四壁、屋梁各处满做

吉云楼

千佛龛，内供相同的五彩描金擦擦佛母像。擦擦佛是藏语的音译，是一种以泥土为材料，用模具或脱模制作的小型泥造像。体积小，重量轻。吉云楼有擦擦佛计一万余尊，是为宫内万佛楼。

慈荫楼 清宫内的藏经楼，位于咸若馆后，清乾隆三十年（1765）建。

楼坐北朝南，上下两层，各面阔5间，卷棚歇山顶，绿琉璃瓦黄剪边。下层东梢间为过道，前后设门，可通慈宁宫，西墙开门通室内。上层明间开门，次、梢间为槛窗，西梢间设楼梯。北壁设通壁的供经龛。正中是佛龛，供奉释迦牟尼佛等金铜佛像多尊。龛前有长供案，陈设佛塔、供器。此楼为藏经楼，满、汉文横匾为乾隆三十六年（1771）悬挂。乾隆三十六年后曾将《甘珠尔》经一部108卷（夹）收藏于此。

咸丰年间，内务府发现《甘珠尔》经板上镶嵌珠宝被盗。查慈宁花园内，披甲打扫殿内，苏拉打扫院内，院前门并后角门与外面相通，四周看守严密。所失镶嵌之物为监守自盗，看管有失。

但具体人员不清，因遗失镶嵌珠宝合为银两，由内务府堂司各官分赔。将自嘉庆二十五年（1820）至咸丰四年（1854）八月，历任总管内务府大臣名衔列出，其中已故英和等26员均系子孙减半代赔；前任穆章阿等及现任内务府大臣共15员，均系本身按数分赔。

含清斋 位于慈宁宫花园内东侧、宝相楼以南，与西侧延寿堂对称而立。建于清乾隆三十年（1765）。

含清斋坐北朝南，房前为一狭长小院，院西侧开随墙小门。主体建筑以天井分作前后两部分。前房面阔3间，进深3间，平面略呈方形，三卷勾连搭式卷棚硬山顶，覆灰瓦。明间开槅扇门，其余为槛墙支摘窗。斋前楹联"轩楹无藻饰，几席有余清"。后房西墙开一花窗，外设清水砖砌窗罩，可于室内观园景。穿廊朝向天井一侧开步步锦槅扇门。斋内以装修隔为小室。后房面阔3间，进深1间，卷棚硬山顶，覆灰瓦。前后房之西次间当中有穿廊相通。前后房之西山墙以院墙连为一体，成独立的小院。整座建筑灰瓦、青砖，不施斗栱、彩画，装饰朴素，色彩淡雅，颇具江南建筑的情趣。

乾隆皇帝《建福宫题句》自注："慈宁宫花园葺朴宇数间，以备慈躬或不豫，为日夜侍奉汤药之所，丁酉正月即以为苫次。"乾隆四十二年（1777）正月，乾隆之母崇庆太后逝世，奉安于慈宁宫正殿，乾隆皇帝于含清斋守孝。后因王公大臣恳请，返回养心殿居住。此后这里也曾作为皇帝侍奉太后进膳、礼佛憩之所。

延寿堂 位于慈宁宫花园内西侧、吉云楼以南，紧邻花园西墙，东与含清斋对称。建于清乾隆三十年（1765）。

延寿堂坐北面南，房前为一狭长小院，院东侧开随墙小门。主体建筑以天井分作前后两部分，建筑形制与含清斋相同。

前房明间开槅扇门，其余为槛墙支摘窗。后房东墙开一花窗，外设砖砌窗罩。穿廊朝向天井一侧开步步锦槅扇门。室内以落地罩、炕罩、圆光罩等木装修隔成多个小空间，顶棚糊银花纸，墙壁有木护墙板，表面亦糊银花纸，制作精细而不奢华。堂前楹联"梳翎闲看松间鹤，送响时闻院外钟"。意境颇深，超凡脱俗。

延寿堂亦为乾隆皇帝侍奉太后和曾守制之用。清朝后期咸丰皇帝奉皇太后至咸若馆等处礼佛，亦曾侍膳于此。

临溪亭　慈宁宫花园内主要建筑之一。始建于明万历六年（1578），原名临溪馆，十一年（1583）五月更名临溪亭。

亭位于花园中部偏南，建在矩形水池当中之券孔石桥上，东西两面临水，池水养鱼植莲，池畔环以汉白玉望柱栏板。亭南北出阶，与花园南入口、假山以及北部的咸若馆、慈荫楼同处于院落南北中轴线上。亭平面方形，面阔、进深各3间，四角攒尖式顶，覆黄琉璃瓦绿剪边，檐下施斗栱。四面皆明间开门，斜方格槅扇门各4扇，临水两侧门前加设木护栏；两侧为斜方格槛窗。窗下槛墙贴饰黄绿色琉璃花砖。室内花卉纹海墁天花，当心绘蟠龙藻井。

亭南北各有一座砖砌花坛，呈正方形，高1米，边长6.5米，种植牡丹、芍药等花卉。花坛四周空地上散植柏树数十株，其间穿插玉兰、丁香。太后、太妃们曾在这里观鱼、赏花。

亭的东西两侧原有翠芳亭、绿云亭，现为面阔5间的庑房各

临溪亭

1座。花园的东南、西南两隅原各有井亭1座,绿云亭内流杯渠之水即从东南井内引出,光绪年间倒塌。流杯渠遗址亦不存。

寿安宫 位于内廷外西路寿康宫以北,英华殿以南。东为雨花阁,西界宫墙。

寿安宫为明代所建,初曰咸熙宫,明嘉靖十四年(1535)改曰咸安宫。清康熙二十一年(1682)改为宁寿宫,二十七年(1688)复旧称。雍正六年(1728)在此地设立官学,称咸安宫官学。乾隆十六年官学迁至西华门内,咸安宫改建称寿安宫,为皇太后、太妃居住之所。

寿安宫前后分为三进院落,东西各有跨院。南北长107米,东西宽78.5米,占地面积约8 400平方米。清乾隆十六年(1751),高宗为了给皇太后(孝圣宪皇后)举办60万寿庆典,将明咸安宫旧址修葺后建成，改称寿安宫。

宫之正门寿安门为随墙琉璃门，3座，中门内设四扇木屏门影壁。第一进院正殿为春禧殿，建筑何时被毁不详，现有建筑为1989年重建。此殿南向，面阔5间，歇山顶，覆黄琉璃瓦。明间开门，其余为槛窗。殿前东西各有配殿5间，硬山顶，前后出廊，明间前后檐开门，余各间槛窗。两配殿后为小院有房数间。春禧殿左右两侧接倒座，中辟穿堂门与第二进院相通。

第二进院正殿寿安宫，殿两侧山墙各出转角延楼，环抱相属，向南与春禧殿后卷殿两山相连。

寿安宫面阔5间，进深3间，歇山顶，覆黄琉璃瓦。明间退进1间，金里装修为门，步步锦槅扇门4扇，次间、梢间檐里装修槛窗，每间用间柱隔为两组，上层方格玻璃窗，下层步步锦玻璃窗，后檐均檐里装修，明间为门，次间、梢间为槛窗。殿内乾隆御书匾曰"长乐春晖""瑶枢纯嘏"；东暖阁额曰"景晖""熙春"，东楼下额曰"集庆""宣豫"。西暖阁额曰"慈鳌积庆"，西楼额曰"华荫""金荫"。殿前东西有转角楼，南与春禧殿后倒座房相连，乾隆年建。楼2层，东西正面各11间，下层南数3、6、9间均为双扇板门，上层前出廊，居中一间为门，步步锦夔龙槅扇门4扇，余皆为窗，上下层窗均为步步锦支摘窗。北端两转角楼上下各2间，有楼梯，下层各有小耳房1间，与寿安宫相接；南端两转角楼各3间，分别与春禧殿后倒座楼东西山相接形成圈楼，两转角楼下层中一间为穿堂门，是出入寿安宫院的门。倒座原为寿安宫扮戏楼，院内曾有乾隆二十五年（1760）添建的三层大戏台1座，嘉庆四年（1799）拆除。宫之东西各有跨院，有房数间。

寿安宫后为第三进院，东西有小殿，曰福宜斋、萱寿堂，两小殿形制相同，左右对称，两殿之间，壶天之地游廊曲折，叠石为山，间植花木，是为寿安宫后院小花园。清后期，太妃、太嫔等在此居住。

福宜斋 在寿安宫后东，坐北面南3间，卷棚硬山顶，覆黄琉璃瓦。前出廊，中出阶，明间开门，槅扇门4扇，次间为槛窗，上部方格玻璃窗，下部为步步锦方窗，饰旋子彩画。西山接耳房2间，前廊西接游廊2间，南转3间，接寿安宫后檐墙，游廊每间设槛窗，步步锦槅扇窗4扇，下砌槛墙。窗启则西与寿安宫后院小花园相通，闭则自成体系。斋内联曰："西池增宝箓，南极耀珠躔。"

萱寿堂 在寿安宫后西，坐北面南3间，卷棚硬山顶，覆黄琉璃瓦。前出廊，中出阶，明间开门，槅扇门4扇，次间为槛窗，上部方格玻璃窗，下部为步步锦方窗，饰旋子彩画。东山后部接耳房2间，西间开门，东间为窗，前廊东接游廊2间，南转3间，接寿安宫后檐。游廊每间设槛窗，步步锦槅扇窗每间4扇，下砌槛墙。窗启则东与寿安宫后院小花园相通，闭则自成体系。堂内联曰："宝篆长生箓，瑶屏集瑞图。"

寿安宫门前东西巷之西街门曰长庚门，亦为西宫墙之随墙门，明代已建。凡工匠修造及淘沟，或年老有病、宫人病故，皆开此门出入。门西出为长庚桥，过桥可至西连房，即各宫太监值房、厨房等处，是内廷西路西出之重要门户。

寿安宫明朝是皇太后及太妃、太嫔等人的居所。明代仁圣太后曾在此居住。天启年间，客氏（天启皇帝乳母）也住过咸安宫。此期间，每逢客氏生日，天启皇帝都要亲临咸安宫升座、祝贺。

清初咸安宫闲置无用。至康熙二十一年（1682）改建。康熙皇帝曾两次将废太子拘禁咸安宫。清康熙十四年（1675），康熙皇帝的第二子允礽被立为皇太子。康熙四十七年（1708）"因允礽行事与人大不同类，狂易之疾，似有鬼物"，因而废太子，将其关进咸安宫。四十八年（1709），允礽复立为皇太子。五十一年（1712）再次废掉，重又囚于咸安宫。雍正继位后，将其兄允礽移往宫外居住，咸安宫闲置不用。

雍正六年（1728）在此兴办咸安宫官学。十一月发出谕旨："咸安宫内房屋现在空闲，看景山官学学生功课未专，于内务府佐领管领下幼童及官学生内选其俊者五六十名或百余名，委派翰林等即着住居咸安宫教习。彼处房屋亦多，还有射箭之处。其学房、住房，尔等酌量分隔修理着令居住。再挑选乌拉人几名于伊等读书之暇，令其教授清语、弓马。伊等皆系幼童，有欲带仆人者准其各带一人，几日后着回家看望一次。"咸安宫房屋依学校需要进行分隔、修理后，当年七月宫内官学正式开学上课。分派各翰林教汉文，三名乌拉教清语和弓马。以咸安宫前大通道为练习步射场地。宫内恭悬雍正六年关于筹建咸安宫官学的谕旨。因学舍设在咸安宫，学校命为"咸安宫官学"。

咸安宫官学隶属于内务府。由内务府大臣一人为总管，对学校进行督促检查。校舍在禁城之地，关系紧要，师生均不准住内。

皆为晨入学，暮散归。咸安宫内设伙房一间，中午师生在校用餐。

乾隆十六年（1751），乾隆皇帝为庆贺皇太后60寿诞，将学舍改建一新。时前为春禧殿，后是寿安宫，左右延楼回抱相属，殿后有山石、小廊，改称寿安宫。此后，寿安宫作为皇太后、妃等居住之所。

乾隆二十五年（1760），高宗为给皇太后（孝圣宪皇后）举办70万寿庆典，兴寿安宫添建戏台等工程。《万寿盛典成案》（光绪十八年礼、工二部刊行）记载乾隆二十五年八月十一日的奏折："……寿安宫添建三层戏楼一座，四面各显三间。扮戏楼一座，计五间。东西转角楼房二座，计三十二间。东配殿后倒座值房一座，计三间。配殿两座，计四间。粘修大殿一座，计五间。拆挪后配殿两座，计十间……"次年告竣。

《内务府奏销档》记载："乾隆三十一年八月，寿安宫三层戏台修理，估需银四百四十六两七钱八分七厘，向广储司领用。"

乾隆十六年（1751）、二十六年（1761），乾隆母（孝圣宪皇后）60、70大寿时，乾隆皇帝亲率皇后、皇子、皇孙等人至此跪问起居，进茶侍膳，于堂前跳"喜起舞"贺寿，并于宫中设宴，王公、大臣及王妃、公主分坐于东西两侧延楼中，陪同赏戏。

皇太后逝世后，寿安宫戏台便逐渐荒废。嘉庆四年（1799）拆去寿安宫戏台，扮戏楼改建为春禧殿后卷殿。嘉庆五年（1800）以后至清末，寿安宫的部分房屋一直为南府昇平署用作收贮存放行头、切末。

英华殿区 英华殿区位于内廷西北角，南北两进院，南北长

80米,东西宽约60米,占地约5 000平方米,建筑疏朗,环境幽静,为明清两代皇太后及太妃、太嫔们礼佛之处。

南院正中为英华殿院第一道门,南向。琉璃檐脊,歇山顶,黄琉璃瓦。中辟3门,白石垒砌拱券形门洞,坐落在汉白玉石须弥座上,宫门各两扇。门内正北与英华门相对。门外小广场,南为寿安宫后院宫墙,东西墙各辟1门,西出为英华殿西跨院,东出为内廷西筒子路,为出入英华殿之随墙门。门内为宽敞庭院。现建筑完好。

英华门内为第二进院,门两侧琉璃影壁中心饰琉璃仙鹤,为明代遗物。门内正北为碑亭及英华殿。英华门东西随墙各开1小门。

英华殿坐北面南,面阔5间,庑殿顶,覆黄琉璃瓦。明间为门,三交六椀菱花槅扇门4扇,次间、梢间为槛窗,三交六椀菱花槅

英华殿

扇窗各4扇。内设佛龛7座，供西番佛像。殿前出月台，中设香炉1座，前高台甬路与英华门相接，清代乾隆年间，在殿前甬路中央添建碑亭一座。亭平面呈方形，周围出廊，梅花檐柱，圆金柱，木坐凳栏杆，墨线点金彩画。一斗三升交麻叶斗栱，四角攒尖顶，覆黄琉璃瓦。亭中石碑之上刻有乾隆御制英华殿菩提树歌、菩提树诗。殿左右有耳殿，亦称朵殿，各3间，硬山顶，覆黄琉璃瓦。明间开门，双交四椀艾叶菱花槅扇门4扇，次间为槛窗，棂花与门相同，间各4扇。殿后宫墙西北隅辟门，可北出至神武门内西横街。

英华殿为明代所建，初曰隆禧殿，明隆庆元年（1567）更今名。清乾隆三十六年（1771）重修，东西原各有一跨院，东跨院及内诸旗房于清乾隆八年（1743）拆除，改为西筒子路较窄之北段。

英华殿是明代宫中的汉佛堂。院内甬路两侧植有菩提树两株，为明代神宗生母圣慈李太后手植。每年盛夏开花，花为黄色，有菩提子，缀于叶子背面，秋季其子落地，颗小色黄莹润，可用作念经用的串珠，乾隆皇帝曾题有《菩提树数珠》诗。

明代每年万寿节、元旦于英华殿作佛事，事毕之日有人扮作韦驮，抱杵面北而立，其余僧众奏诸般乐器，赞唱经文，并于当晚设五方佛会。每逢夏历四月初八"浴佛日"，供糕点"大不落荚"200对，"小不落荚"300对，供毕分别赐予百官。明慈圣皇太后亡，万历皇帝上尊号曰"九莲菩萨"，奉御容于殿中。

清代英华殿仍以汉佛堂形式保留下来，供皇太后、皇后在此礼佛，祈祝平安。

殿中每月供乳饼及水果。祀神日于案下设小桌，供奉"完立妈妈"，满族萨满教中供奉的神灵之一。全称"佛立佛多鄂漠锡妈妈"，是"求福柳枝子孙娘娘"。

英华殿设太监，专司该殿香烛、洒扫、坐更等事。

咸丰二年（1852），咸丰皇帝曾亲诣此殿拈香礼拜。

雨花阁区

雨花阁区建筑位于内廷西六宫西，包括雨花阁、梵宗楼、宝华殿、中正殿，是紫禁城中最大的也是最重要的一处藏传佛教的活动场所。清代于康熙三十六年（1697）设置专门管理宫中藏传佛教的机构称"中正殿念经处"，隶属于内务府掌仪司，主管宫内喇嘛念经与办造佛像。初期由内务府官员与大喇嘛负责管理，以后逐步升级设"中正殿管理王大臣（特简无定员）、员外郎二人、副内管领二人"专司此职。中正殿念经处下设档案房、画佛处等机构。宫廷内其他宗教活动统由内务府管理，不设专门机构。

这里曾经有房十余座，分南北两进院，南院以雨花阁为中心，前有东西配楼，阁后西北角又有一座面东小楼，称梵宗楼。雨花阁后的昭福门内有宝华殿，后有香云亭，亭后为中正殿，左右有东西配殿，中正殿后为面阔11间的澹远楼。此一组建筑形成南从雨花阁、宝华殿、香云亭、中正殿至北淡远楼收尾的一条南北中轴线。全组建筑布置在南北长约150米、东西宽仅30米的狭长地带，处在轴线上的三座主建筑——雨花阁、宝华殿、中正殿

雨花阁外景

均为面阔3间,其主殿座两侧的配殿或配楼则随南北进深,东西相向规整有序。

1923年建福宫花园一场大火,延烧中正殿等建筑,致使宝华殿后的香云亭、中正殿及东西配殿、澹远楼俱焚于火,后于2012年复建完成。

雨花阁　《明宫史》载:万历时"每遇八月中旬,神庙万寿圣节,番经厂虽在英华殿做佛事,然地方狭隘,须于隆德殿大门之内跳步叱"。隆德殿大门即景福门,现在的春华门。

《国朝宫史》载:"慈宁宫东北,即启祥门夹道,其北南向为春华门,门内为雨花阁,阁三层,覆以金瓦,俱供奉西天梵像。"

《乾隆京城全图》绘启祥门西为一夹道,夹道为一封闭的空间,东西有随墙门东与启祥门、西与寿安宫相通。东西随墙门内,南北各有3间值房。夹道北为三座门，名凝华门（今春华门），门内为三层楼阁式建筑雨花阁，阁有东西庑，各面阔7间。后即昭福门及中正殿。

雨花阁是宫中唯一的一座汉藏形式结合的建筑。清乾隆十四年（1749），乾隆皇帝采纳蒙古三世章嘉（章嘉是清代黄教——藏传佛教格鲁派达赖、班禅、哲布尊丹巴、章嘉四大活佛之一）国师胡土克图的建议，仿照西藏阿里古格的托林寺坛城殿，在明代原有建筑的基础上改建而成。托林寺建造于11世纪，是阿里地区最古老的寺院。

雨花阁为楼阁式建筑，按照藏密的事、行、瑜伽、无上瑜伽四部设计为四层。外观三层，一、二层之间靠北部设有暗层，为"明三暗四"的格局。

一层面阔、进深各3间，四周出廊，前檐抱厦3间，南面明间开门，次间开双交四椀菱花槅扇槛窗4扇。屋顶南北为卷棚顶，东西为歇山顶，覆绿琉璃瓦，黄琉璃剪边；檐下用白玛曲孜，即彩色方体木块层层收分堆积而成，色彩上作退晕处理，兽面装饰梁头，都是藏式建筑手法。屋内天花板绘饰为六字真言，支条饰法器铃、杵图案。六字真言是藏传佛教中最尊崇的一句咒语，汉语音译为唵、嘛、呢、叭、咪、吽，密宗认为这是秘密莲花部的根本真言。

一层称智行层，面积较大，室内分为前中后3个空间，前部为抱厦与原前檐廊组合的过渡空间，较为宽敞，悬乾隆御题"智珠心印"匾额。中间部分佛龛供奉无量寿佛等事部主尊，佛龛之后有乾隆十九年（1754）制掐丝珐琅立体坛城。坛城白石须弥座，紫檀木亭式龛，圆形底盘直径3.65米，正中为蓝色正方形供台，高0.7米，边长1.69米。供台侧面北、南、西、东分为红、白、黄、蓝四色，每面上嵌1个杵头。供台上是正方体宫殿，四面开门，门前装饰五彩牌坊。坛城梵文音译为"曼陀罗"或"曼达""满达"，表现诸神的坛场和宫殿，比喻佛教世界的结构，陈设于佛堂，以供观想。除供三座坛城外，尚有佛塔、供器等物，周围装点幡幢、白辇、飞天等，是举行祭祀活动的重要场所。后部与中间有透雕云龙罩虚隔，为楼梯间，由此可上至二层。

二层是一层和三层之间在北侧做出的一个夹层，称德行层，是供奉"阿弥陀佛"的道场，楼梯间前设供案，供行部佛像9尊，以宏光显耀菩提佛为中心，佛母和金刚各4尊分列左右。夹层低矮，光线昏暗。

三层称瑜伽层，面阔、进深各3间，东、西、南三面出平座，北面为楼梯间，南面设槅扇门，可至平座。卷棚歇山顶，覆黄琉璃瓦蓝剪边。室内楼梯间与正间有十分精美的雕龙欢门罩相隔，供佛桌龛位于中央，供瑜伽部佛像5尊。陈设简单明了。室内槛墙用木板镶贴，彩画圭纹锦，装饰华丽。三层佛龛后有小门，内设楼梯间，楼梯因面积狭小陡而窄，上可登临四层。

顶层称无上层，面阔、进深各1间，三面安槛窗，正面开槅扇门4扇。四面出平座，环以琉璃挂檐板。四角各立擎檐柱，支撑着覆盖着铜板瓦的屋顶，由于顶层易受风雨侵蚀，柱木最易糟朽。乾隆二十五年（1760），即建成后第十年，已有"无上层东北角并西北角擎檐柱二根，下截挖补"的记载。四角攒尖顶，屋面满覆鎏金铜瓦，四条脊上各立一条铜鎏金行龙，正中一座铜鎏金的喇嘛塔作宝顶，四条铜龙和塔均为乾隆四十四年（1779）重铸，每条龙长一丈一尺五寸，重180斤，塔高九尺六寸，重265斤。顶层室内光线充足明亮，木板槛墙绘灯笼锦彩画和戳扫红黄金罩漆的室内装修、天花清晰可见。天花内脊檩枋彩绘八卦图案。

无上层供奉藏传佛教密宗无上瑜伽部的主尊密集金刚、格鲁派密宗所修本尊之一的大威德金刚和藏密重要本尊之一的上乐金刚。大威德金刚因其能降服恶魔，故称大威，又有护善之功，故又称大德。其像有9头、34臂、16足，裸体。上乐金刚又称胜乐金刚，其形象多为双身愤怒相，主尊四面，每面3目，12臂，主臂拥抱其明妃金刚亥母，左右手中分握金刚铃、杵，其余手臂亦各持法器，2足，左弓步立姿，足下踏裸身魔怪，是常见之显相。

雨花阁前东西两侧有面阔五间高二层配楼，均为乾隆年建，曾分别供过三世章嘉和六世班禅的影像。

雨花阁建于乾隆十四年（1749）。是年三月初二，内务府奏案云："中正殿添建都刚楼座。""都刚"藏语，义为大殿，其建筑有特定的模式。都刚楼座即雨花阁。据四月内务府奏报：中正殿三重檐都刚楼一座，两边配房两座，挪盖凝华门一座、两边琉璃门二座、随墙门二座，改建诸旗房四座，成砌墙垣，铺墁甬路、散水，油饰彩画，裱糊，以及佛龛、供柜、珊瑚树等项工程，所需工料银二万二千三百余两；捶造飞金约赤金九十六两。六月奏案计，雨花阁头停瓦料用四六黄铜铸造，宝塔、勾头、滴水并四脊行龙用红铜铥钣合煤成锭，露明处全行镀金。

乾隆二十五年（1760），雨花阁无上层油饰。

乾隆二十六年（1761），为雨花阁造瑜伽品佛五尊，德行品佛九尊，功行品佛九尊。

乾隆三十一年（1766），雨花阁下层前檐接盖抱厦一座3间，三檩挑山，上覆黄边翡翠色琉璃脊瓦料。两边添建楼一座，各3间，六檩卷棚歇山，上覆绿色琉璃瓦，黄琉璃瓦剪边。

乾隆四十七年（1782），重修雨花阁东西配殿。

每年二月及八月初八日，宫中派喇嘛10名在瑜伽层诵毗卢佛坛城经。四月初八日，派喇嘛5名在无上层诵大布畏坛城经。三月及六月初八、九月及十二月十五日，各派喇嘛15名在智行层诵释迦佛坛城经。每月初六，在德行层安放乌卜藏经。

光绪二十六年（1900），八国联军曾在宫中抢劫雨花阁佛堂文物。据内务府《陈设档》记载，洋人抢去各类佛像、香筒、海螺、法轮、杵、幡等合计29件，摔毁瓷八宝等4件。

梵宗楼　位于中正殿佛堂区，雨花阁西北，为一座倚墙而建的3开间卷棚歇山顶二层小楼。建于清乾隆三十一年（1766），是雨花阁区佛堂中建成最晚者。此楼体量很小，偏于一隅，但其供奉的主神地位崇高。

一层供文殊菩萨青铜坐像，像高1.1米，座宽0.7米。文殊菩萨是中国汉传佛教四大菩萨之一，相传其显灵说法道场在山西五台山。他专司智慧，常作为释迦牟尼佛的左胁侍，与观音菩萨一起站在释迦牟尼佛的左右。在藏传佛教中文殊菩萨也极受尊崇，为八大菩萨之一，其称谓和造型有多种，但面相常以两种出现，一种为猛相，多首多臂，旨在降服怨敌，消灭烦恼，但胸怀慈悲，属于密宗造像；另一种为静相，结发戴冠，面目慈祥，属于显宗造像。

二层供文殊菩萨的化身青铜像，称大威德怖畏金刚，是以威猛降伏恶魔的重要护法神。像高1.72米，座宽1.35米。

此二像为清宫中最大的文殊造像与大威德造像。

二层陈设狼皮、貂皮、虎皮、黄狐狸皮、猞猁皮等多种兽皮扁幡；铜镀金龙纹红漆箱2只，内分别供皇帝龙袍、衣饰与盔甲；兵器架2个，供刀枪弓箭。乾隆皇帝将自己使用过的盔甲、兵器供奉在佛楼的佛像前，是将大威德金刚作为战神奉祀。

宝华殿　位于雨花阁后昭福门内，坐北朝南，面阔3间，进深1间，歇山顶，黄琉璃瓦，后檐明间接抱厦1间。

宝华殿前院落中央设汉白玉石须弥座，上置三足宝鼎青铜大香炉，属"大清乾隆乙巳年造"款。北侧、东侧、西侧各设汉白玉石幡杆基座。

殿内明间悬咸丰皇帝御笔匾"敬佛"，下设四方铜镀金大龛一座，内供金胎释迦牟尼佛一尊。龛前供案上供观音菩萨和阿弥陀佛铜像。东、西次间沿墙供案上陈设佛像、供器。

清代宫中大型佛事活动多在这里举行。清代皇帝每年数次到宝华殿拈香行礼。

1923年建福宫花园大火，延烧殿宇数座。火后清理出的残物曾在此堆积数年。

中正殿　明代即有此殿名。据《明宫史》记载，启祥门"再西则嘉德右门，即旧名景福门也。其两幡杆插云向南而建者，隆德殿也。旧名玄极宝殿，隆庆元年夏更名隆德殿，供安玄教三清上帝诸尊像。万历四十四年十一月初二毁，天启七年三月初二重修。崇祯五年九月，内将诸像移送朝天等宫安藏。六年四月十五，更名中正殿。东配殿曰春仁，西配殿曰秋义。东顺山有容轩，西顺山曰无逸斋"。明代隆德殿、中正殿为供奉道教诸神之所。至清代乾隆年间大兴佛事，中正殿已是用于专供无量寿佛，为皇帝做佛事的佛殿，因此在宫中地位很高。在中正殿所念无量寿经，也是为皇帝等祝福长寿。殿前有一座亭式建筑，曰"香云"，亭内有大小金塔七座，金佛五尊，又称为金塔殿，甚为精美。

康熙三十六年（1697）设"中正殿念经处"，主管宫内喇嘛念经与办造佛像等事务。

遇宫中一年一度的"送岁""跳布扎"（"跳布扎"，即俗称的"打鬼"，由喇嘛表演，是一种有浓郁的西藏宗教性质舞蹈），皇帝也亲临现场观看，场面十分隆重。清宫跳布扎据《养吉斋丛录》载："十二月二十九或二十七八等日，中正殿前殿设供献，并设冠袍带履诸物。圣驾御小金殿，喇嘛一百八十四人，手执五色纸旗，旋转唪护法经。又有喇嘛扮二十八宿神及十二生相，又扮一鹿，众神获而分之，当是得禄之义。殿侧束草为偶，佛事毕，众喇嘛以草偶出，至神武门外送之，盖即古者'大傩逐厉'之义。或云以麦为人，非草也。"

《养吉斋丛录》并载："腊八日，中正殿下之左设小金殿，黄毡圆帐房也，圣驾御焉。御前大臣左右侍。众喇嘛于殿下唪经。

达赖喇嘛、章嘉胡图克图至圣驾前，拂拭衣冠，申袚除之义。佛事毕，乃散。谓之洞黎，清语吉祥也。俗谓之送岁。"

1923年6月26日夜，建福宫大火，殃及该殿。2005年，故宫博物院与香港中国文物保护基金会共同合作开始中正殿区域的复建工程。2012年11月27日，经过长达6年的复建，中正殿区域全面竣工，恢复了乾隆时期的全貌。

宁寿宫前区

宁寿宫区位于紫禁城东北部，占地约50 000平方米，四周围有高大的红墙，内分南北两部分。南半部仿三大殿、后三宫，建有前殿皇极殿和后殿宁寿宫，前有宁寿门、皇极门、九龙壁；后半部又分为左中右三路，光绪年间，为庆贺慈禧太后60寿诞，清廷拨60万两白银重修宁寿宫一区，将外檐和玺彩画改为苏式彩画。20世纪70年代末，皇极殿、宁寿宫一区重新修葺，恢复了外檐和玺彩画。

九龙壁 南半部最南端的皇极门外，倚宫墙建的单面琉璃影壁，上有九龙，因称之。清乾隆三十六年（1771）改建宁寿宫时烧造，通高3.5米，宽29.4米，厚0.45米，下为汉白玉须弥座；中间琉璃壁面由270个琉璃块拼组而成，地饰蓝、绿两色山崖海水云纹，壁面饰九条巨龙，黄色正龙居中，左右两侧各四条龙依蓝、白、紫、黄各色排列；上为庑殿式黄琉璃瓦顶，正脊亦饰9条龙。

九龙壁

皇极门 是宁寿宫区之正门,建于清乾隆三十六年(1771)。前有东西狭长的小广场,南墙与门相对为九龙壁,其西侧为锡庆门,西出不远即景运门,东侧为敛禧门,东出即南十三排。

皇极门南向,为随墙琉璃门3座,汉白玉须弥座。3座门洞皆为券顶,上覆门楼,黄琉璃瓦单檐庑殿顶,五踩单翘单昂斗栱,枋、椽、斗栱等构件皆为琉璃烧制。正中门楼略高,称正楼,两侧稍低,称次楼,次楼的外侧为边楼,有"三间七楼垂花门式牌楼门"之称。

皇极门内南向者为宁寿门,东西两侧各有群房一组,合围成5 000多平方米的庭院。院内宽敞开阔,古松苍茂。群房各辟随墙板门三阖,门内为一南北狭长的院落,院内各建有三组青瓦小房。

宁寿门 宁寿宫区之第二道宫门。清康熙二十八年(1689)改建明代仁寿殿、哕鸾宫时所称之门。乾隆三十七年(1772)至四十一年(1776)改建宁寿宫区时,将皇极殿后殿改为宁寿宫,门制依乾清门制度改建,门名仍沿旧称。宫门为殿宇式,坐落于汉白玉石台基上，周以白石栏板，面阔5间，进深3间，面南，歇山式顶，覆黄琉璃瓦，明间、次间为门，后檐金里装修，前檐梢间为槛窗，三交六椀菱花槅扇窗各4扇，中安方格风窗。金龙和玺彩画。前出三阶，中设丹陛，左右鎏金铜狮一对，高四尺五寸（清尺），表面镀金五层，用黄金334两，于乾隆四十一年九月安设。门两侧山墙接八字琉璃影壁。门内甬路高1.6米，长30米，宽6米，与皇极殿前月台相连。

自宁寿门两侧建有庑房，连檐通脊，东西转折而北直抵宁寿宫。东西庑房各辟有宫门一座，东曰凝祺门，西曰昌泽门。庑房外为宁寿宫宫墙，之间夹道内有数个小院，为守卫值房。

皇极殿 过宁寿门为皇极殿。皇极殿为宁寿宫区的主体建筑，始建于清康熙二十八年（1689），初名宁寿宫。乾隆三十七年（1772）至四十一年（1776）改建宁寿宫区建筑时，将宁寿宫改称为皇极殿，作为乾隆皇帝归政后临朝受贺之所。皇极殿后是宁寿宫，门殿交错的布局是清乾隆年间改建宁寿宫时形成的。宁寿宫原为"工"字形殿。乾隆三十六年（1771）将其前殿改建为皇极殿，原有"宁寿宫"匾额移至后殿，遂改后殿为"宁寿宫"。

皇极殿位于宁寿宫中轴线上，与宁寿宫前后排列于单层台基之上，为太上皇临朝受贺之殿。建于清乾隆四十一年（1776），殿坐北朝南，面阔9间，进深5间，为九五之尊之制。重檐庑殿顶，覆黄琉璃瓦。地平至正脊通高19米，吻高2.6米，十一拼。上层檐七踩单翘重昂斗栱，下层檐单翘重昂五踩鎏金斗栱。前檐出廊，金里装修。檐柱与额枋交处为透雕云龙浑金雀替。梁枋饰金龙和玺彩画。上下檐飞椽油饰青地，彩绘沥粉片金灵芝；老檐椽油饰绿地，彩绘片金西番莲卷草纹。明间、次间为门，三交六椀槅扇门各4扇；梢间、尽间为槛窗，三交六椀槅扇窗，梢间各4扇，尽间各2扇。槅扇绦环板、群板雕刻云龙，后檐明、次间为门，装修与前檐同，北与宁寿宫相对。殿前出月台1层，青白石须弥座，周以汉白玉石栏杆，前出御路接甬道与宁寿门相连，甬道两侧及月台左右各设台阶。月台上两侧安设日晷、嘉量，铜龟、铜鹤各1对，鼎炉2对。御道两侧各有六方须弥座一个，座上曾置重檐六角亭，亭身每面镌篆体寿字各三。石座中心有铸铁胆，每年腊月二十三至正月十五日，则改立灯杆于其中，是古代多用途基座

皇极殿

实例，今仅存其座。殿两侧设垂花门、看墙接东西两庑，将院隔为前后两进。殿内明间四根沥粉贴金蟠龙柱，顶置八角浑金蟠龙藻井，双龙戏珠天花。正中设宝座，东设铜壶滴漏，西设大自鸣钟。

殿两侧为垂花门、看墙，分别与东、西庑房相接，将院落隔为前后两进。庑中开门，东为凝祺门，西为昌泽门。

宁寿宫 清康熙二十八年（1689）在明代仁寿殿、哕鸾宫基址上改建的奉养东朝之所。乾隆三十七年（1772）改建宁寿宫区时，将其修葺后改为皇极殿，移宁寿宫匾于原后殿，为乾隆归政后起居处。乾隆皇帝《宁寿宫铭》补记称："盛京大政殿后曰清宁宫，祖宗时祀神之所，祭毕，召王公大臣进内食祭肉。国初定鼎燕京，则于乾清宫后殿坤宁宫行祀神礼，一如清宁宫之制，至今仍循旧章。余将来归政时，自当移坤宁宫所奉之神位、神竿于宁寿宫，仍依现在祀神之礼。"宁寿宫规制仿坤宁宫，面阔7间，进深3间，单檐歇山式顶，檐宇四周擎檐廊安花枋雀替。前檐东次间开门，光面板门两扇，其余各间为直棂吊搭窗。每间双交四椀菱花横披窗各3扇。后檐明间、次间为门，双交四椀菱花槅扇门各4扇。内明间、次间、西梢间敞通。室内蝙蝠圆寿字天花。迎门1间后檐设为灶间，安槅扇，金漆毗卢帽，内安煮肉锅灶。西3间依墙安木榻通炕，为满族萨满祭神的场所。东两间相连为暖阁，后檐设仙楼，东山辟门可通宁寿宫东庑。宫前月台两侧摆砌黄绿色灯笼砖琉璃槛墙，左右连宁寿宫北庑。乾隆四十年（1775）添安后檐并两山擎檐廊17间及周围廉栊枋，透雕龙凤纹华板，云龙纹浑金雀替。宫后东西两侧各添做烟筒1座，四面包砌细城砖，上安铜顶，为宁寿宫灶房及室内烟道所用，保留了满族习俗建筑特点。

宁寿宫两侧建庑房及南转角与东西两庑相连，两庑各9间，均于南数第3、6间开门。

宁寿宫，明代称一号殿，为仁寿宫旧址，内有哕鸾宫、喈凤宫，为明代宫妃养老之地。清康熙二十七年（1688），康熙皇帝为奉养母后在此建宁寿宫。乾隆三十五年（1770），乾隆皇帝为履行自己在位不超过其祖父康熙在位61年的诺言，决定在宫中建立太上皇宫殿，作为自己退位后居住的地方。宫址选在外东路原皇太后居住的宁寿宫区，于乾隆三十六年（1777）动工，历时五年完成，仍称宁寿宫。乾隆皇帝《宁寿宫铭注》中载："兹新葺宁寿宫待余归政后居住，则为太上皇临御之所，宜有前殿受贺，因题额为皇极殿，制用重檐，而宁寿宫之榜则移后殿云。"

乾隆六十年（1795），以明岁元旦举行授受大典，改元嘉庆，于嘉庆元年（1796）正月初四在皇极殿举行盛大的千叟宴，这次与宴者为70岁以上的王公、百官、兵、民、匠役等共3 056人，另有未入宴、只列名邀赏的5000人。并有朝鲜、暹罗（今泰国）、安南（今越南）、廓尔喀（今尼泊尔）四国参加贺礼的使臣。席位的布置是王、贝勒、贝子、公、台吉、一二品大臣在殿内，外国使臣在殿廊下，三品官员在丹陛甬路旁，四品以下官员在丹墀左右，拜唐阿、护军、马甲、兵、民、匠役等在宁寿门外。届时太上皇、皇帝同御皇极殿。奏乐、行礼、进茶、进酒、进馔仪式略如太和殿筵宴，所不同者为赐酒时太上皇召90岁以上的老人及王公、一品大臣至宝座前跪，太上皇亲手赐卮酒，并命皇子、皇孙、皇曾孙、皇玄孙在殿内给王公大臣行酒，侍卫等给百官及众叟行酒，进馔时演承应宴戏。宴上的膳食，王公、一二品大臣及外国使臣用一等桌张，有火锅2品、猪肉片2品、煺羊肉片2品、鹿尾及烧鹿肉1盘。煺羊肉乌叉（臀部肉）1盘、螺蛳盒小菜2个、肉丝烫饭1品。其余人用次等桌张，上为煺羊肉1盘、烧狍肉1盘，并减掉荤菜4碗，其余相同。宴毕，太上皇及皇帝还宫，管宴大臣分别颁发皇家赐予的诗刻、如意、寿杖、朝珠、缯练、貂皮、文玩、银牌等各不相同的赐物。并赏给106岁的老民熊国沛、100岁老民邱成龙六品顶戴，赏90岁以上百岁以下老民兵丁等七品顶戴，以显示清廷的"优老"政策。最后众叟至宁寿门谢恩，行三跪九叩礼。

　　光绪二十年（1894）在皇极殿行慈禧60寿辰贺礼。光绪三十年（1904）慈禧太后70寿辰前后，在此分别接见奥、美等9国使臣，接受外国使臣祝贺。慈禧死后，曾在此停灵、治丧。乾隆皇帝退位后，仍住在养心殿"训政"，直至嘉庆四年（1799）去世，也未曾在宁寿宫居住过。嘉庆七年(1802)、光绪十年(1884)先后修葺。太上皇的宫殿始终依照乾隆之制。

宁寿宫后区

中部

　　宁寿宫后有一东西狭长的小广场，广场北侧正中南向与宁寿宫相对者为养性门，门为宁寿宫后区中部一路，建有养性殿、乐寿堂、颐和轩、景祺阁等，作为起居之所。宁寿宫后，西为宁寿宫花园的正门衍祺门，东可至畅音阁，东出为保泰门。

养性门　宁寿宫后区中路正宫门，养性殿大门，位于宁寿宫后，乾隆三十七年（1772）建。殿宇式宫门坐落在汉白玉石须弥座上，面阔5间，进深3间，歇山顶，覆黄琉璃瓦。明间、两次间为门，后檐金里安装宫门6扇，两梢间为槛窗，冰盘托月菱花槅扇各4扇，中安方格风窗。门前出三阶，中设丹陛，两侧置镀金铜狮1对。

养性门原为和玺彩画。光绪十七年（1891）重修时，改绘为苏式彩画。1994年重新修缮后，恢复了乾隆时期的原貌。

养性门是宫后区中路进出之主要门户。养性门内为中路第一进院，院内正中即养性殿。

养性殿　宁寿宫后区中路之正殿，后区主体建筑之一。清乾隆三十七年（1772）建，嘉庆七年（1802）修，光绪十七年（1891）重修。仿养心殿规制，体量略小，面阔3间，每间以方柱支撑，隔为9间，歇山顶，覆黄琉璃瓦。前檐出抱厦，明间、次间为门，玻璃槅扇，明间4扇，余各2扇。内明间中设宝座，顶置八角浑金蟠龙藻井，片金升降龙天花。左右置板墙与东西次间相隔，墙各辟门，对称而设，门楣之上置毗卢帽。东次间为暖阁，隔为前后2层空间，前曰明窗，后曰随安室，后层有仙楼，有随安室等小室数间。室东悬"俨若思"匾，乾隆皇帝御笔。现有匾曰"利居安"。西次间亦为暖阁，隔为数间小室，南室称长春书屋，北室为佛堂，仿养心殿西暖阁佛堂建，为二层仙楼，北向，内置佛塔及佛像。尽间仿乾隆年建养性殿时仿养心殿三希堂所设，因时适得毕沅进古墨而定名为墨云室，亦为养性殿内之温室。西山墙接有耳房1间，额曰"香雪堂"，仿养心殿"梅坞"建，面南开窗，西山开小窗，可观宁寿宫花园一隅。内以白石依墙堆砌为山景。室内西、北、东三面依山墙至顶为壁画。东开一小门，与养性殿相通。

养性殿为乾隆皇帝退位后准备居住的地方。殿额"养性"，取《孟子·尽心》："存其心，养其性，所以事天也。"道家有养性可以延年益寿之说。乾隆皇帝《养性殿》诗："养心其有为，养性保无欲；有为法动直，无欲守静淑。"又："惟待他年息肩时，诚哉养性谢万事。"可知"养性"含意。

养性殿前东西各有配殿5间，硬山顶，覆黄琉璃瓦，明间开门，方格菱花槅扇门4扇，次间方格槛窗。东为畅音阁院；西配殿后为宁寿宫花园，即乾隆花园。

乾隆四十六年（1781），乾隆皇帝曾御养性殿赐宴。

光绪时慈禧太后居乐寿堂时，在养性殿东暖阁进早、晚膳。光绪二十九年（1903），慈禧太后与光绪皇帝在此接见过外国使臣。

宣统元年（1909）十一月，隆裕皇太后上徽号，王公大臣均在养性殿行礼。

养性殿原为和玺彩画，光绪年间十七年（1891）重修时，改绘为苏式彩画。

养性殿北为乐寿堂，为寝兴之所。

乐寿堂 宁寿宫后区中路建筑之一，位于养性殿后，面南，清乾隆三十七年（1772）建。嘉庆七年（1802）修，光绪十七年（1891）重修。堂仿西郊长春园淳化轩规制而建，乾隆皇帝以此为退位后的寝宫，御题"座右图书娱画景"联句，故此堂亦称宁寿宫读书堂。

堂面阔7间，进深3间，歇山顶，覆黄琉璃瓦。周围廊，金里装修，前檐明间开门，玻璃槅扇门4扇，余为窗，上两层步步锦双折支窗，下层为摘窗，内为方玻璃窗。后檐亦金里装修，明间开门，次间、梢间为窗。明间屏后陈《大禹治水图》玉山1座，高2.4米，重5 000公斤。玉料产自我国新疆和田密勒塔山，乾隆四十六年（1781）发往扬州，至乾隆五十二年（1787）玉山雕成，共用6年时间。乾隆五十三年（1788），乾隆皇帝钦定，安放在乐寿堂内，至今从未移动。堂内明间、次间有仙楼，槅扇装修多以楠木、紫檀木为之，天花为木雕，井口天花与室内装修浑然一体。

堂额曰"乐寿"，取《论语·雍也》："知（智）者乐，仁者寿。"乾隆皇帝希望在此居住时，既得到快乐，又得以长寿。堂内明间悬嵌字对联"乐在人和，肯寄高闲规宋殿；寿同民庆，为申尊养托潘园"。乾隆皇帝《题乐寿堂》诗自注："向以万寿山背山临水，因名其堂曰乐寿，屡有诗。后得董其昌论古帖，知宋高宗内禅后有乐寿老人之称，喜其不约而同，因以名乐寿宫书堂，以待倦勤后居之。"乐寿堂后檐有联曰："动静得其宜，取义异他德寿；性情随所适，循名同我清漪。"联中所说动静性情，表明与宋高宗之不同。堂中北楼南向正中高悬匾曰"与和气游"，取自《汉书·王

乐寿堂

襃传》中的《圣主得贤臣颂》:"恩从祥风翱,德与和气游。"义为:与和气相往还,即不过激,保持平和,就能使政权稳固,国家安宁。

光绪二十年(1894)慈禧太后在此居住时,以西暖阁为寝室,阁中间有雕花落地罩,内设床。皇帝后妃每日到堂前请安。堂体态高大,为宫后区之首。

堂西为宁寿宫花园,西山墙辟窗,西与三友轩东窗相望,亦可观花园景物。堂前广庭,左右接转角游廊,廊间墙壁嵌有敬胜斋帖石刻,共366块,全为乾隆皇帝所书。敬胜斋为紫禁城西北隅建福宫花园内的一座建筑物,建于清乾隆七年(1742),为乾隆皇帝读书习字的场所之一。乾隆皇帝在此临帖的墨迹即称之为《敬胜斋帖》,宁寿宫建成后,将该帖石刻镶嵌于乐寿堂、颐和轩两侧游廊墙壁之上。

乐寿堂西有一座三开间式小殿，额曰"三友轩"。清乾隆三十九年（1774）建，坐北面南，黄琉璃瓦顶，屋顶西为歇山式，东为硬山式，为宫中仅有。明间开门，两次间为窗。轩内以松、竹、梅题材装修分隔，喻岁寒三友。西次间西墙辟窗，以松、竹、梅纹为窗棂，透过西窗，可观窗外堆山、翠竹、松柏；轩东次间辟窗，可与乐寿堂西次间相望。

堂后为颐和轩，有高台甬道相连。

颐和轩 宁寿宫后区中路建筑之一，北与景祺阁之间有穿廊相连，为"工"字殿形制。颐和轩建于乾隆三十七年（1772），嘉庆七年（1802）、光绪十七年（1891）两次重修。

颐和轩面阔7间，进深2间，单檐歇山顶，覆黄琉璃瓦。前檐出抱厦5间，明间、东西次间金步装修，明间为槅扇门，次间为槛窗，步步锦支窗。东西梢间装板墙，南面为槛墙，支摘窗。轩梢间为步步锦支摘窗。轩匾曰"颐和"，意见为颐养和气。轩内乾隆皇帝御书匾曰"太和充满"，有乾隆皇帝自撰自书联曰"景欣孚甲含胎际，春在人心物性间""丽日和风春淡荡，花香鸟语物昭苏"。后檐接抱厦3间，明间接有后穿廊，进深3间，南北各接廊步1间，北至景祺阁。穿廊明间东西向开门，可通轩北东西两小院。轩东西山面廊南北封装，设有小门，西廊外建有如亭及围廊，形成小院。

颐和轩前月台两侧设阶以通上下。台上左侧设有日晷，月台接甬路与乐寿堂相通，甬路两侧各设琉璃花坛一座，通高1.25米，平面呈长方形，南北长4.84米，东西长2.9米。花坛须弥座圭脚和上下枋为汉白玉石，上下枋雕饰西番莲；束腰和上下皂为琉璃，饰西番莲。须弥座上紫色琉璃地栿，孔雀蓝琉璃栏板望柱。轩两侧有游廊连接乐寿堂，廊壁镶嵌《敬胜斋帖》刻石。

轩之西山墙外有一小院，内建有一座小亭，额曰"如亭"，坐西面东，二层，平面呈方形，各1间。四角攒尖顶，覆绿琉璃瓦，黄琉璃瓦剪边，上置琉璃宝顶。底层中放置石瓮1个，上层为小戏台。亭西、南、北接双层围廊与颐和轩西山廊相接。围廊下层墙壁绘山水人物画，上层三面各辟琉璃漏窗。颐和轩为观戏场所，于清乾隆三十七年（1772）添建。嘉庆七年（1802）修。光绪十七年（1891）重修时，将乾隆年所绘的和玺彩画改为苏画。1994年重新修缮后，恢复了乾隆时期的风貌。

景祺阁　位于宁寿宫后中路北端。清乾隆三十六年（1771）建，嘉庆七年（1802）和光绪十七年（1891）加以修缮。

景祺阁为二层楼阁式建筑，面阔7间，进深3间，歇山顶黄琉璃瓦。底层四面出廊，前檐明间开门，接穿廊直抵颐和轩后檐，次间开槛窗，上为方格玻璃窗，下为玻璃屉方窗。室内西次间设小戏台，西梢间山墙辟小门与阁后小院相通；东次间内以楠扇分成小室数间，东梢间有楼梯通二层。一、二层之间设平座。二层前檐明间开步步锦楠扇门，群板饰夔龙纹；次间、梢间均为步步锦支摘槛窗。东面明间开门，余皆为步步锦支摘槛窗。檐下原为金龙和玺彩画，光绪十七年（1891）修缮时改为苏式彩画，1994年重新修缮后，恢复了乾隆时期的风貌。

阁前西侧小院内有回廊与乾隆花园符望阁相通，东侧有敞厅

3间，与景福宫相邻。紧贴景祺阁东侧有假山一座，山顶原有翠环亭，后于道光年间拆除。山顶平台与景祺阁二层之间飞架汉白玉小石桥一座，山下有洞名曰"云窦"。

景祺阁后小院内有房屋遗址，清末光绪皇帝之珍妃曾幽禁于此，小院西墙外即为珍妃井。

宁寿宫北端的贞顺门内，原有一口普通水井。清光绪二十六年（1900）八国联军攻打京城，慈禧太后与光绪皇帝仓皇西逃。临行之前，慈禧太后将幽禁在景祺阁北小院的珍妃召至颐和轩，命太监崔玉贵等人将她推入贞顺门内井中溺死，此井因而得名"珍妃井"。井眼上置井口石，石两侧凿小洞，用以穿入铁棍上锁。

光绪二十七年（1901）西太后与光绪皇帝銮驾回京后，珍妃被追封为贵妃，其家人获准将尸体打捞出来，安厝于北京西郊田村，后葬于清西陵的崇陵妃园寝。

清末宣统皇帝逊位后，珍妃之姐瑾妃在井北侧贞顺门内之怀远堂东间为珍妃设小灵堂，立牌位，以示哀悼。

东部

宁寿宫后区东部自南至北依次建有大戏楼畅音阁、皇帝观戏的阅是楼，三进院合围的寻沿书屋、庆寿堂，其后的景福宫及最北的佛楼——梵华楼。

畅音阁　宫中最大的一座戏台，"崇台三层"卷棚歇山顶，覆绿琉璃瓦，黄琉璃瓦剪边，坐北朝南，四面各显三间。前檐上层悬匾曰"畅音阁"，中层悬匾曰"导和怡泰"，下层悬匾曰"壶天宣豫"，两侧有联曰："动静叶清音，知水仁山随所会；春秋富佳日，凤歌鸾舞适其机。"内有三层戏台，上层称"福台"，中层称"禄台"，下层称"寿台"，寿台台面达10平方米，不设立柱，采用抹角梁。北、东、西三面檐下装有木雕彩绘鬼脸卷草纹饰匾。寿台后部设有平台，有楼梯供上下；"禄台"前檐三间及东西两间为廊，演员可在此表演；"福台"四周为廊。演大戏时三层各有演员。寿台台板下四角及正中各置有地井一眼，中一眼为水井，据说可起共鸣作用。余四眼为空井，可升降演员及道具。中层、上层各设天井，贯通上下，井口安设辘轳，可升降演员。东西有回廊，北接阅是楼。

畅音阁为清乾隆三十七年（1772）建。初建时仅有戏楼一座，嘉庆七年（1802）重修。嘉庆二十二年（1817）在阁后台接盖扮戏楼5间，扮戏楼南面添盖值房2座，两边添修牌楼门1座，添砌卡子墙2道。嘉庆二十三年（1818）拆去阅是楼前东西配楼，改盖回廊，群臣看戏一般在回廊内。光绪十七年（1891）重修，仍存嘉庆时改建的规制。1981年重修，油饰一新。

阅是楼 清宫观戏场所。坐北面南，二层，卷棚歇山顶，覆黄琉璃瓦，绿琉璃瓦剪边，绘金龙和玺彩画。楼面阔5间，进深3间，前出廊。下层明间开玻璃门3扇，次、梢间为槛墙，支摘窗，上支窗为双步步锦格心，下为玻璃窗。东西次间靠南窗均设有宝座床。楼东西辟门与两侧转角庑房相通，再与东西厢廊相连。上层明间为门，安槅扇6扇，次、梢间安支摘窗。阅是楼为皇帝、后妃、皇子等人观戏处，厢廊是王公大臣陪观处。

阅是楼建于清乾隆三十七年（1772），初建时楼前有月台，东西有配楼。嘉庆十三年（1808）重修时拆去月台，改安踏跺。嘉庆二十三年（1818）拆东西配楼，改建厢廊。同治十三年（1874），为慈禧40寿辰观戏曾修整此楼。1981年重修，油饰一新。

清代宫中逢帝、后生日都要演戏，皇帝万寿、太后圣寿日，演戏要连续数日乃至十数日。所演大都为庆寿之戏。剧本有《九如颂歌》《万卉呈祥》《群仙祝寿》《百福骈臻》等。遇帝后整寿如60大寿、70大寿、80大寿，庆寿规模更大。剧本情节曲折，人物众多，非三层大戏台不能胜任，且连演不断，少则旬日，多则月余。

阅是楼后为一组南北四层院落，每院一正两厢，以游廊相连。南面正门，设垂花门，门内第一进院正殿额曰"寻沿书屋"，第二进院正殿额曰"庆寿堂"。各院建筑均为青水砖墙，外檐绘以苏式彩画。琉璃瓦顶，颜色各座黄绿相间。西北角辟门可通景福宫；东北宫墙有角门，东出可至院外北十三排。

寻沿书屋 清乾隆三十七年（1772）建，乾隆御制"寻沿书屋诗"首句"寻绎黄家语，沿回学海澜"，说明书屋命名之因。

书屋面阔5间，进深1间，前后出廊，卷棚硬山顶，覆绿琉璃瓦，黄琉璃瓦剪边。明间安步步锦槅扇门，余为槛墙支摘窗。前垂花门，既是院门，亦为整个建筑群的主要出入通道。东西配殿各3间，卷棚硬山顶，覆黄琉璃瓦。明间开门，步步锦格心。西配殿明间后檐开门，通过过道可至乐寿堂前院。寻沿书屋院内正殿、配殿及垂花门之间以抄手游廊环抱相属，自成天地。嘉庆七年（1802）、光绪十七年（1891）曾重修。

慈禧太后住乐寿堂时，光绪皇帝每日清晨请安、侍膳，通常先至此处坐候。

庆寿堂　建于清乾隆三十七年（1772），嘉庆七年（1802）、光绪十七年（1891）曾重修。正殿5间，进深1间，前后带廊，卷棚硬山式顶，覆黄琉璃瓦，绿琉璃瓦剪边。明间开门，次间为窗。装修为步步锦格心。

光绪末年，慈禧太后居住乐寿堂时，这里曾为醇王福晋、恭王女、庆王女等来宫时居住之处。

景福宫　位于宁寿宫后区东路北部，始建于清康熙二十八年（1689），为康熙皇帝奉皇太后（顺治帝孝惠皇后）所居。乾隆三十七年（1772）仿照建福宫后的静怡轩加以重建，以待乾隆皇帝归政后宴憩之用。嘉庆七年（1802）、光绪十七年（1891）重修。

景福宫坐落于汉白玉须弥座台基上，坐北朝南，平面正方形，面阔、进深各5间，四周环以围廊。三卷勾连搭歇山卷棚顶，覆绿琉璃瓦，黄琉璃瓦剪边。檐柱柱础雕刻精美的覆莲花纹，为宫中少有。檐下饰苏式彩画。前檐金里装修，明间开门，次间、梢间为槛墙，支摘窗。后檐东梢间开门，余4间皆为槛墙、支摘窗，两山面皆为槛墙、支摘窗。

前檐悬匾曰"景福宫"，堂内悬乾隆御笔匾曰"五福五代堂"。乾隆四十九年（1784）因得玄孙，一堂五世而增书此匾悬于景福宫内。乾隆年间曾在宫内陈设西洋仪器。西窗外仿静怡轩植梅树，冬天设毡棚护之。

宫前东、西两面为游廊，与景福宫前廊相接，围成小小的庭院，院内植松柏。西廊设垂花门，即景福门，歇山顶，绿琉璃瓦黄剪边，檐下饰苏式彩画，门内有屏门4扇。西出可通宁寿宫后中路，为景福宫进出之重要门户。

门外为一小院，院的正中有一八角形汉白玉须弥座，南北长4.2米，东西宽2.5米，高约1米，座上环以高约0.3米的铜质栏杆，中安放一块高达4.5米的巨石，挺拔隽秀，纹理清晰，此即紫禁城内著名的山石——文峰。石得自西山，初树于文渊阁，乾隆四十一年（1776）移置景福宫门外，石峰东面下部镌有乾隆皇帝御制《文峰诗》："……贲然肯来树塞门，景福宫前镇枢纽。是处拟为归政居，老谢远游迩厮守。"自注云："昨于西山得玲峰，树之文渊阁，既为之歌，兹以其副置于景福宫之门，名曰文峰而系以诗。"

文峰石之北有月亮门可通佛日楼，南有月亮门可通庆寿堂，西有敞厅式门3间，可通景祺阁东小院。

景福宫后为梵华楼，楼西侧为佛日楼，再西即景祺阁后院。

梵华楼 清宫藏传佛教佛堂之一。清乾隆三十七年（1772）仿静怡轩后慧曜楼建。背倚宁寿宫北宫墙，南与景福宫相隔仅数米。楼二层，卷棚硬山顶，覆黄琉璃瓦。面阔7间，进深1间，外檐金里装修，均为灯笼锦加卍字团如意头卡子棂格，外檐彩绘苏式彩画。下层明间为门，余6间为槛窗，支摘窗，上层7间均为槛窗，西梢间山墙辟门，西与佛日楼之间有楼梯可通上下，并有过梁与佛日楼相通。

楼内上下层7间各自分隔，内设佛堂，前檐设通道。下层明间供旃檀佛铜像，高2.1米。东西各3室，分别供乾隆三十九年（1774）造掐丝珐琅佛塔6座。塔周围东西北三面墙挂通壁大幅唐卡，画护法神54尊。各室中央均为天井，通达二层。二层绕天井设紫檀木围栏，珐琅塔顶正在天井中央。

二层明间供宗喀巴像，木雕金漆。其余6间，由西向东依次布置为：般若品（显宗部），无上阳体根本品（无上瑜伽部父续），无上阴体根本品（无上瑜伽部母续），瑜伽根本品（瑜伽部），德行根本品（行部），功行根本品（事部）。每室于北墙设长案，主供密宗、显宗主尊铜像；东西壁为紫檀木千佛龛，内供122尊小铜佛像。6室供佛合计786尊。至今仍为原状陈设。

梵华楼的建筑、陈设形式为"六品佛楼"。清嘉庆二十三年（1818）内务府奉旨重修。

佛日楼　清宫藏传佛教佛堂之一。清乾隆三十七年（1772）仿建福宫花园中的吉云楼而建，北倚宁寿宫北宫墙，东有石梯与梵华楼相连。楼二层，上下各3间，卷棚歇山顶，覆黄琉璃瓦，绿琉璃瓦剪边。金里装修，外檐苏式彩画。明间开门，次间为槛窗，

梵华楼

步步锦格心。上层东首有石梁与梵华楼二层西小门相连。一层以隔断隔为数室，内供奉藏传佛教五大密教主尊、五方佛和释迦牟尼佛。二层供奉三世佛（释迦牟尼佛、燃灯佛、弥勒佛）、十八罗汉和四大天王，北、东、西三壁设长供案，上供无量寿佛小铜像378尊。

楼前以虎皮石贴面墙围成小院，中置月亮门，门外即景祺阁东院，东行可至景福宫。

清嘉庆二十三年（1818）重修。

西部

宁寿宫后区西部为宁寿宫花园，俗称乾隆花园，是乾隆三十七年（1772）改建宁寿宫时添建的一座专供太上皇使用的花园，南北长160余米，东西宽不足40米，占地约6 400平方米。园地狭长如带，南北纵深大致分隔为四个景区。

花园正门衍祺门，内为第一景区，古华轩居中，辅有禊赏亭、露台、旭辉庭、抑斋等；古华轩北为垂花门，门内即第二景区为住宅式院落，主座遂初堂，坐北面南，配房、廊房相接；遂初堂后为第三景区，院中以山为主景，环山西面建有延趣楼，东有三友轩，北有萃赏楼；楼后为第四景区，符望阁位于此院中心，为全园最高建筑，前有碧螺亭，西南有云光楼，西有玉粹轩，西北有竹香馆，北为倦勤斋，东南为颐和轩，东与景祺阁相望。全园共有建筑20余座，依南北两段轴线布置。衍祺门至耸秀亭位于南部轴线，萃赏楼至符望阁为北部轴线，北轴线向东移3米。北部建筑多仿建福宫花园而建，其中符望阁仿建福宫花园的延春阁、

乾隆花园

倦勤斋仿敬胜斋、竹香馆仿碧琳馆、玉粹轩仿凝晖堂、云光楼仿静室、碧螺亭仿积翠亭等。

衍祺门 宁寿宫花园的正门,是花园南出至宁寿宫的重要门户。门面阔3间,卷棚歇山顶,覆黄琉璃瓦,绿琉璃瓦剪边。檐下绘苏式彩画。后檐明间宫门两扇,门内为叠石堆山成山屏,山前卵石铺砌小径,沿曲径可通园内第一进院。进门右折为抑斋,自成一体,左折小院内置铜缸两口,缸中注水,为流杯渠使用。

古华轩 宁寿宫花园第一进院主体建筑。位于花园中轴线上。轩坐北面南,敞厅,面阔5间,进深3间,卷棚歇山顶,覆黄琉璃瓦,绿琉璃瓦剪边。周围带廊,檐柱间置倒挂楣子与坐凳,金柱间安装透空灯笼锦落地罩。内天花为楠木镶嵌,雕百花图案,不施彩绘。外檐施以苏式彩画。前后檐明间设阶级。前檐阶下右侧有古楸树1株,轩因此得名。乾隆、嘉庆均有御制《古华轩》诗。古华轩内悬挂有乾隆皇帝题古楸诗匾四块,诗云:"轩堂从新构,宫禁原自古；因之有古树，三两列庭宇。"可知古楸植于建轩之前。又诗云："树植轩之前，轩构树之后；树古不计年，少亦百岁久。"至今当有300余年。

古华轩

禊赏亭 位于古华轩西南，坐西面东，面阔3间，进深3间，中为四角攒尖式顶，南北两面歇山顶，前出抱厦1间，卷棚歇山顶，覆黄琉璃瓦，绿琉璃瓦剪边，平面呈"凸"字形。饰以苏式彩画。明间后设黑漆云龙屏门。

抱厦内地面凿石为渠，称"流杯渠"，取"曲水流觞"之意。渠水来自南侧假山后掩蔽的水井，汲水入缸，以暗沟引水入渠，经北侧假山下暗沟流出。亭之装修及下槛、石栏杆等纹饰均为竹纹，以象征王羲之兰亭修禊时"茂林修竹"之环境。亭前垒砌云石踏步，与园中虎皮石小路相接。

旧时汉族岁时风俗，每年三月三上巳节，人们坐在环曲的水

禊赏亭流杯渠

渠旁，在上游放置酒杯，任其顺流而下，杯停在谁的面前，谁即取饮，以此为乐，故称"曲水流觞"。觞，即酒杯。此俗起源甚早，周代已有。晋永和九年三月初三，王羲之等在会稽（今绍兴）兰亭修禊，他们吟诗、饮酒，遂作《兰亭集序》。又以书圣王羲之书《兰亭序帖》流传甚广，后演变为园林景点。清代此习俗作为景点亦引入宫廷园林，颇具风雅。

禊赏亭北侧有爬山游廊接旭辉亭。

旭辉亭 位于古华轩西侧的堆山之上，因坐西面东且高居于堆山之上，可迎日出，遂得"旭辉"之名。亭3间，卷棚歇山顶，覆黄琉璃瓦，绿琉璃瓦剪边。后倚宫墙。前檐明间开门，余为槛墙、支摘窗，装修均为步步锦格心，檐下苏式彩画。亭前出廊南侧西转接爬山游廊与禊赏亭相连。

露台 亦称仙台。位于古华轩东侧，坐落于湖石堆砌的峰峦之上，四周围以白石栏杆，台内地面铺砌花斑石。台有石阶可通至山下石洞，洞的正面与南面各辟洞门，朱扉金钉宫门，沿门前小径出，即古华轩前庭院。洞内北墙设有佛龛，南向，东壁上嵌有乾隆御书经文刻石。

抑斋 位于古华轩前东南角，有游廊相围，自成一院。斋坐北面南，面阔3间，进深2间，西为硬山顶，覆黄琉璃瓦顶，东与养性殿西配殿相连。前出廊，金里装修，东次间开门，步步锦槅扇门，明间、西次间为支窗、玻璃屉窗。檐下饰以苏式彩画。内隔为3间，隔断嵌以佛龛数座，为室内小佛堂。东间有门，暗通养性殿西配殿佛堂。

斋前东南隅叠石为山，沿山间石蹬上至山顶，可达撷芳亭。亭平面方形，四角攒尖顶，覆绿琉璃瓦，黄琉璃瓦剪边，中置琉璃宝顶。面积约15平方米。檐下饰以苏式彩画。檐柱下设坐凳栏杆，上做倒挂楣子。

抑斋西侧与游廊相接，再西游廊转角处为一小亭，亭内悬乾隆御笔匾"矩亭"。亭四角攒尖顶，覆黄琉璃瓦，绿琉璃瓦剪边，黄琉璃瓦宝顶。檐下饰以苏式彩画。亭内顶棚为编织纹天花，为宫中仅有。亭之东、南、北三面接游廊，西面为槛窗，沿游廊南行西转通衍祺门，北可至露台。

古华轩北垂花门内即第二进院。

遂初堂 宁寿宫花园第二进院主体建筑。位于花园中轴线上。

坐北面南，面阔5间，进深3间，卷棚歇山顶，覆黄琉璃瓦。前出廊，金里装修，明间开门，次间、梢间为槛墙，支摘窗。东西有游廊接东西厢房，各5间，北侧3间为金里装修，前出明廊，中间开门。南侧2间为檐里装修，形成暗廊，南侧接带槛窗的封闭式游廊，虎皮石墙基。东西转至遂初堂院正门——垂花门。门内置假山为屏，院内建筑外檐装修均为步步锦格心，饰以苏式彩画。檐下匾曰"遂初堂"，乾隆御笔。典出自晋孙绰之《遂初赋》。乾隆帝曰："皇祖（康熙）临御六十一年，予不敢上同皇祖，是以践阼之初，苍天默祝，至六十年即拟归政，冀得遂初心愿，如践阼之初所盟宿忱。"故命名为"遂初堂"。乾隆、嘉庆两帝常临此。嘉庆、光绪年间先后重修。

堂明间为过厅，穿厅而过可至宁寿宫花园的第三进院落，有延趣楼、萃赏楼、耸秀亭。

延趣楼 第三进院西侧二层楼，东向。楼上下二层，面阔5间，卷棚歇山顶，覆绿色琉璃瓦，黄色琉璃瓦剪边。檐下梁枋饰以苏式彩画。前及左右出廊，金里装修，前檐明间开门，余为槛墙，支摘窗，灯笼框槅心，楼平座外三面为琉璃挂檐板。初建时楼上前檐明间有石天桥，架于楼与堆山之间，可供从二层直接登山至耸秀亭。清嘉庆二十二年（1817）将石桥拆去，补安琉璃挂檐板，遂隔断楼与山的联系成今之现状。下层南北接游廊，南可至遂初堂及西南角门，北可至萃赏楼。嘉庆七年（1802）修，光绪十七年（1891）重修。

萃赏楼 假山北侧两层楼，楼上下各面阔5间，卷棚歇山顶，覆黄琉璃瓦，绿琉璃瓦剪边。前后檐出廊，金里装修，明间开门，余各间均为槛墙，支摘窗，灯笼框槅心，外檐饰以苏式彩画。平座外砌琉璃挂檐板，后檐明间外接白石天桥，与假山上碧螺亭相接，形成上下两层通路。楼西有小廊上下二层与云光楼相接。东有耳房1间，前后小廊3间，南可通至三友轩，北可至符望阁院。楼内上层西室为佛堂，有联曰"便有香风吹左右，似闻了义示缘因"。楼前与叠山相隔数尺。嘉庆、光绪年间先后修葺。

耸秀亭 第三进院中叠石堆砌的假山主峰上之亭。平面呈方形，四角攒尖顶，覆绿琉璃瓦，黄琉璃瓦剪边，中置琉璃宝顶，柱间设倒挂楣子，下有栏杆坐凳。檐下饰以苏式彩画，柱木漆以绿色。亭南悬额曰"耸秀亭"。亭前数步山石之下即为悬崖峭壁，数丈之深，由下上望，可观一线天奇景。

萃赏楼北为第四进院。

符望阁 宁寿宫花园第四进院主体建筑。清乾隆三十七年（1772）仿建福宫花园中延春阁添建。阁高二层，平面呈方形，四角攒尖顶，下层出檐及上层均覆黄琉璃瓦，蓝琉璃瓦剪边，上层中置黄琉璃宝顶。下层四面各5间，上层四面各3间。周围廊。明间为门，次间、梢间为槛墙支窗，步步锦槅心。檐下饰以苏式彩画。一层室内以装修间隔为数室，置身其中往往迷失方向，故有"迷楼"之称。室内装修多为嵌玉，嵌珐琅饰件，甚为精美。一层装修隐蔽处，设有楼梯可上至暗层。暗层设楼梯可上至顶层，楼梯口设于顶层中部，正北设木雕多宝格屏风，前置宝座。顶设藻井，室内无装修，甚为宽敞，沿顶层周围廊远望，可尽观宫中景色。

阁前为假山，山上碧螺亭，又称"碧螺梅花亭"，因其形制似梅花，亭中构件多饰以梅花纹而得名。檐下悬乾隆御笔"碧螺"匾。清乾隆三十七年（1772）添建。位于符望阁前山石主峰之上。亭平面呈五瓣梅花形，五柱五脊，重檐攒尖顶，上层覆翡翠绿琉璃瓦，紫色琉璃瓦剪边；下层覆孔雀蓝琉璃瓦，亦以紫色琉璃瓦剪边。顶置翠蓝的白色冰梅纹琉璃宝顶。柱间安装折枝梅花纹的倒挂楣子，下为白石栏板，亭内顶棚为楠木雕刻梅花纹天花，额枋饰点金加彩折枝梅花纹苏式彩画，是极为少见的亭式建筑。亭南架一白石飞桥，通萃赏楼，东西沿石阶可上下。

符望阁后有倦勤斋，西有玉粹轩，东临颐和轩。乾隆年间，每岁腊月二十一日在此赏饭于御前大臣、御前行走及蒙古王公、贝勒等。嘉庆七年（1802）、光绪十七年（1891）重修。

云光楼　符望阁前堆山西南曲尺形转角楼，清乾隆三十七年（1772）仿建福宫花园"玉壶冰"而建。楼东西3间，南北5间，黄琉璃瓦顶，东为硬山，与萃赏楼西小廊相连，北为歇山顶。后檐倚宫墙。前檐出廊，饰以苏式彩画。上下层沿廊东可至萃赏楼，北有石桥可至假山，沿山中石阶可下至月亮门；下层北亦可至符望阁西月亮门。楼内乾隆皇帝御笔额曰"养和精舍"，楼下联曰"四壁图书鉴今古，一庭花木验农桑"。其东为佛堂，额曰"西方极乐世界安养道场"。室内有联数楹。乾隆、嘉庆两帝均作有《养和精舍》诗。现建筑完好。

玉粹轩　符望阁西侧3间小殿。清乾隆三十七年（1772）仿建福宫花园凝晖堂而建。坐西面东，与符望阁相对，后檐倚宫墙，卷棚歇山顶，覆黄琉璃瓦，绿琉璃瓦剪边。前出廊，明间开门，次间为槛窗。内以槅扇隔为3间，轩后檐明间绘有通景壁画，北有通道连斜廊，与竹香馆相通。

竹香馆　符望阁西北隅两层小楼。清乾隆三十七年（1772）仿建福宫花园中碧琳馆而建。西倚宫墙，面东，上下各3间。卷棚歇山顶，上覆绿琉璃瓦，黄琉璃瓦剪边。一层外堆石为山，二层如在山峦之上，下层窗口开在山石空隙中，十分隐秘。南北两端出爬山游廊，可通玉粹轩与倦勤斋。馆前有弓形曲墙，中开八方门洞，门额曰"暎寒碧"，两侧有琉璃漏窗。小院自成一体。

倦勤斋　宁寿宫花园最北的一座建筑，位于符望阁后，北倚宫墙。清乾隆三十七年（1772）仿建福宫花园中敬胜斋而建。坐北面南，面阔9间，卷棚歇山顶，覆绿琉璃瓦，黄琉璃瓦剪边，檐下饰以苏式彩画。东5间与符望阁相对，前出廊，左右接游廊与符望阁两廊相接，为一独立院落，斋匾悬于东5间之明间檐下。金里装修，明间开门，余4间为槛墙，支摘窗，步步锦槅心。内以仙楼隔为小室数间，设宝座床多处。其中竹丝挂檐、玉璧镶嵌、百鹿图群板，为乾隆时期内檐装修之精品。东5间西壁有暗门与西4间相通，西4间与竹香馆相连，自成一体。室内西为方形亭式小戏台，为木质仿竹纹，亦称竹亭。四角攒尖顶，上置木涂金宝顶。台面东，后檐两侧设门，供上下场。台后随亭左右绕以夹层篱墙，南绕篱墙可通至竹香馆北斜廊。顶棚为竹架藤萝花纹的海墁天花，立体感与空间感很强，与墙壁饰以园林景色连为通景，小戏台似于藤萝架下，构成天然风景，壁画为乾隆年间画师王幼学之笔。戏台东为小楼，面西，上、下二层，各3间，中设宝座床，为听戏之处。乾隆时，南府太监常在此演唱岔曲。现建筑完好。

十三排

宁寿宫区东宫墙外，出保泰门，东依紫禁城东城墙，南北各建有青砖瓦房13座，即俗称之南十三排、北十三排，建筑形式及布局相同。每两座一正房，一倒座，南北相向组成1小院，共12座院落，每院西墙辟院门。每座房各面阔3间，进深1间，前出廊。明间开门，次间槛墙支摘窗。绘旋子彩画。硬山顶，覆灰瓦。南北十三排最北端1座，为小南房。南十三排最南端出院墙，墙中辟垂花门，门外南临敛禧门。十三排为青砖瓦房，宫中少有，规划有序，工艺讲究。

南北十三排始建时间不详，清乾隆十五年（1750）所绘《京城全图》尚无此建筑。乾隆三十七年（1772）建畅音阁后，宫中逢演戏，有连演数日或十数日之时，演员在宫中要有休息之处，演戏所用道具、切末等也需要有地方存放。时宁寿宫东墙外尚有狭长空地，距离畅音阁又近，可能因此建房数座，以备使用。

故宫博物院

辛亥革命前，故官作为皇官，森严可畏，属于帝制社会最高统治者享用。辛亥革命后，故官性质发生了根本变化。清廷交出后，开办了我国第一座以官廷为主体的博物馆——古物陈列所；溥仪被逐出内廷后，建立了第二座以官廷为主体的博物馆——故官博物院。1948年，古物陈列所移交故官博物院。故官博物院建院后，特别是中华人民共和国成立和改革开放以来，对这项全国重点文物保护单位、世界文化遗产进行了很好的保护和利用，采用很多现代化的高新科技手段，使其放射出中华民族优秀文化的光辉。

古物陈列所

古物陈列所创建于 1914 年，是中国第一座正式开放的国立博物馆。当时，故宫的内廷部分，尚由逊清皇室使用，故只用前朝部分建为古物陈列所，与 1925 年建立的故宫博物院互不统属。但就两处的整体性质来说，馆址、藏品、陈展的主体内容，均是明清宫廷建筑及其藏品、用品和陈设品。1948 年，所、院正式合并为统一的、完整的故宫博物院。就其历史和性质来说，古物陈列所也可称为故宫博物院的前身。

古物陈列所诞生于辛亥革命后不久，它经历了北洋政府、国民政府、日伪统治、抗战胜利后的国民政府几个时期，历时 34 年，最后合并于故宫博物院。

创办

1913 年，北洋政府内务总长朱启钤呈明大总统袁世凯，拟将沈阳故宫、热河行宫两处所藏各种文物集中到北京故宫，筹办古物陈列所。获准后，派护军都统治格兼筹备古物陈列所事。指定紫禁城外朝武英殿一部分先辟为陈列室及办公处，然后再陆续扩充文华殿、太和殿、中和殿、保和殿为陈列室。

1913年10月，内务部派杨乃赓、赵秋山偕同随员10余人，并会同清室内务府所派文绮、曾广龄等人赴热河（今承德）清理热河行宫各处陈设物品。该特区都统姜桂题接到指示后，立即派行宫办事处总办万宝山会同内务部派往人员筹划起运古物事宜。运行路线是，由滦河水路运至滦州（今滦县），再转乘火车运至北京。从1913年11月到1914年10月，前后运送7次，计1949箱，计117 700余件文物，历时1年。

起运沈阳故宫文物，是1914年1月开始的。内务部派治格、沈国钧偕同随员傅以文等10余人和承办包装文物箱只的奇宝斋古玩铺工人10人，会同清室内务府派员福子昆等前往辽宁起运古物。当时该省都督张锡銮遵照北洋政府指示积极配合，装运工作颇为迅速，从1914年1月23日开始，到3月24日结束，前后运送6次，计301箱，计114 600余件文物，历时2个月。

1913年12月29日，内务部正式下令筹办古物陈列所。当时紫禁城内廷为清室居住使用，武英殿西配殿为"管理左右两翼前锋八旗护军营事务处"占用。指令下达后，决定武英殿西配殿的北二间作为古物陈列所的筹备处，南二间仍留作"管理左右两翼前锋八旗护军营事务处"办公室。次日，任命王曾俊为副所长，随即迁入办公。

1914年2月4日，古物陈列所成立，启用内务部刊发的木质印章"内务部古物陈列所之章"。大总统袁世凯令热河都统治格兼任古物陈列所所长，2月28日治格到所任事。

随后内务部进一步安排展出问题。下令将武英殿正殿及后殿敬思殿改造为陈列室，提出在两殿之间加盖走廊，成"工"字殿形式，以便通行。要求展室陈列柜采用最新形式。

工程由罗克格公司承包，除室内陈列柜及锁具由该公司派德国技师数人设计外，其余土建工程由北京的广利、天合两家营造厂分担，于3月1日开工，11月完工。工程总造价约公砝银5万余两。所有商定合同和监工等事宜，由内务部派金绍城佥事担任。

武英殿陈列室改建完成后，立即布陈展览，10月10日民国国庆日，古物陈列所宣告正式开放。

来所参观有午门、东华门、西华门三个入口，需购票入内。太和殿、中和殿、保和殿、武英殿、文华殿各展室也都单独售票。

古物整理、建设

1926年秋，周肇祥接任古物陈列所所长后，对古物整理极为关注。鉴于东西方各国博物院所有历代古物，都是经过有学识的考古专家精确审定，然后陈列。周肇祥认为，中国乃东方古国，文艺之美，实冠全球，而古物陈列所又为古物荟萃之区，其古物数量多，品种繁，若任其精粗混淆，必致贻讥中外。故呈准内务部，在该所附设鉴定委员会，延聘当代鉴赏专家，对所藏古物分别进行鉴定。这项工作进行1年有余，已将书画、铜器各类鉴定完毕；到1928年2月，周肇祥所长去职，3月，由所呈准暂行停会，尚有少量工作未能完成。

1928年革命军北伐告成，改北京为北平特别市，原有各部院改为档案保管处，部院所属机关，由南京主管部院分别派员接收改组。6月21日，内政部接收委员会派参事张秀升、高震龙为该所会办，接收整理一切。张、高两会办于6月23日到所任职。当即同梁玉书所长共同筹商接收改组事宜，7月14日恢复开放。在整顿工作方面，提出10项改进措施。

1928年9月，内政部改派罗耀枢任所长。罗接任后，继续整饬所务，制定各项规则。为便于观众参观，测绘了游览路线全图，所有殿阁位置，门阙方向，道路、桥梁、树木等全部绘入。并在东西华门外，各设大公告木牌，将陈列物品门类公之于众，以加深观众对展品的了解。因所藏古物过多，详细点查，没有一年时间不能完成，经会同监交委员左恒祥呈准，选择在历史上有相当价值的各种极贵重物品，先行查点，同时拍摄照片。其余物品，由前后任所长及监交委员各派妥实人员分组查点，以期及早完成。当时并函请平津卫戍司令部派科长简业敬、北平特别市政府派公用局长李光汉、北平地方法院派检察官刘瑞琛先后到所会查。根据以前鉴定所列最精品，提出古铜、瓷器、画轴、手卷、珠石玉器、笔墨砚章、雕漆等共596件，共同逐一查点，加盖会查戳记，并分类拍摄照片。

1930年3月，以阎锡山为首的华北军事当局，忽然宣布脱离中央，所有平津地方及中央直辖各机关，均归平津卫戍总司令部暂行管辖，派员接收。陆海空军总司令阎锡山任命状任命柯璜为北平古物陈列所主任，柯璜于4月7日到所任职。

柯璜是书画名家，来所任职仅7个月，以其稳健持重，应对有方，内部尽力整理，外观则增事焕新，于风云变幻中，平稳度过。在修建工程方面也做了不少工作。如修缮紫禁城城台及东西角楼，在十八槐用人工挑土堆积假山，添植花木，映带桥梁，以美化环境。并在东、西华门亲书"古物陈列所"匾额，笔力超拔，于展区颇为增色。

1930年秋，阎锡山军队退出北平，平津一带仍归中央直辖，古物陈列所于9月27日奉内政部令，派钱桐接收保管。

1930年10月21日，故宫博物院院长、国民党中央执行委员会政治会议委员易培基，向国民政府行政院第九十一次会议提出提案，请求古物陈列所保管权移交1925年成立的故宫博物院。在提案上签名的有多人，第一人是蒋中正，其后依次是：吴敬恒、蔡元培、戴传贤、王宠惠、李宗侗、马福祥、钮永建、蒋梦麟。10月25日，行政院发出"行政院指令字第三〇一五号"令：

故宫博物院理事蒋中正等据呈，为完整故宫保管计，拟请转呈国府，令行内政部将故宫外廷保管权转移于故宫博物院，并附具办法两条请鉴核由。呈及办法均悉，案经提出本院第九十一次会议决议：故宫博物院门额不必悬于中华门，余照通过，由行政院备案。除已由院备案并照案转呈国民政府鉴核，候令饬遵外，合亟令仰知照。

此令（行政院）副院长代理院长职务

宋子文

故宫外廷转移于故宫博物院的两项办法是：

1. 将中华门以内至保和殿所有外廷范围过去由内政部保管

的，由故宫博物院接收，统一管理。

2. 古物陈列所收藏的沈阳、热河运来的古物，故宫博物院接收外廷后，由内政部、故宫博物院、沈阳故宫博物院分院，会同派人接收组织点验。点验后，将沈阳的部分，仍移交故宫博物院沈阳分院。非沈阳部分，与北平故宫相互配置完整，将来移运首都，另设博物院。拟运首都的古物，暂在外廷原处陈列，由故宫博物院会同内政部派人保管。

上项办法内政部通知了古物陈列所，并派廉泉委员协同钱桐主任会同各方办理接收点验事宜。事后钱、廉向内政部报告称：于11月3日会同故宫博物院所派俞同奎处长、吴瀛秘书及张副总司令（张学良）方面所派于学忠司令、鲍毓麟司长接收古物陈列所，所有所中款项、器具、关防、文卷等项，已逐日共同按册点收清楚。唯古物一项，因为数甚多，点查不易，正会商清查办法，俟于鲍两委员派定代表到所，即行开始分组点查。

至于所中经费，一向是由票款及售卖印品收入开支。

自各委员会同接收以后，于维持现状下，所里工作，颇为顺利。收入也有所增加，在经费许可的条件下，急需举办的工作，逐步进行了安排。如：结束紫禁城东南、西南两角楼及城台工程；修缮弘义阁及保和殿东西朝房与拨正断虹桥石栏杆倾斜工程；更换文华、武英两殿大小窗帘；特辟石刻陈列室、武器陈列室、洪宪物品陈列室；添设照相室。

1931年"九一八事变"以后，华北时局忽趋紧张，北平市地面散兵游勇日见增多，甚至有身着军服未佩符号军人来所游览，在太和门前无故放枪等事。为加强防卫，古物陈列所会同故宫博物院、历史博物馆，共同筹商妥善防范办法。及天津发生事变，又由北平研究院、故宫博物院和古物陈列所等14所文化机关联合函请张学良副司令，令知军警主管机关，随时予以严密保护。古物陈列所也添招了20名守卫警察，又为故宫博物院添设军用电话专机，以备紧急之需。并准备千余条沙袋，为防守各门之用。由于"九一八事变"的发生，三方面接管方案至此搁浅。

印行《西清续鉴乙编》

时局初定，古物陈列所一如既往，钱桐于所务筹划外，为扩充印品，宣扬文化，将所中所藏《西清续鉴乙编》20卷设法筹款印行，以广流传。《西清续鉴乙编》20卷是乾隆年间敕编，总目著录51种，共902器，因文字美、花纹精而极具价值。又请鉴定委员容希白从热河行宫运来的851件铜器中挑选100件，其中颂壶、盘、缶皆独一无二之品，作武英殿彝器图录，每器皆标纹缕拓墨之影以为式，商由哈佛燕京学社印行。

接管释藏经版

1933年3月，古物陈列所接到内政部命令，将安定门内柏林寺收藏的释藏经版78 000余块移交古物陈列所管理。这部分经版最早是由内务部管理，国民政府时期，归内政部北平档案保管处保管，后该处撤销，改由部属北平地产清理处代管。1933年，为妥善保管这批文物，移交古物陈列所接管。这些经版分存四库，均用八层木架存放，共100架。计经版78 238块，每块长约3尺、厚1寸。为铁梨木镌刻，质料坚细，字迹遒劲，属刻版中精品。该所本拟移至所内保管，但因经版木架多已被压倾斜，移动之后，必须添换新架，并且运输量很大，运费也不在少数，该所无力承担费用，所以曾一度呈部请款移运，奉令缓办，只得做权宜之计，派专人会同寺僧负责照料。

接收福开森之古物

1935年7月1日，古物陈列所附设福氏古物馆在文华殿展出。福氏古物馆展出的是美籍福开森博士的文物藏品。福氏早年来华创办汇文书院（即后来的金陵大学，1952年与南京大学合并），嗣后继续在华从事文化事业，历时40年。福氏平生爱好中华古物，搜罗极为丰富，计金石、陶瓷、书画、砚墨及其他碑帖拓本等类有1 000余种。晚年拟将全部藏品捐赠金陵大学，因该校储陈建筑一时不能建成，遂与古物陈列所商洽，寄托该所代为保管，并指定陈列于文华殿。经与钱桐所长协商，由所详拟办法，订立契约。1934年9月经内政部核准，于12月即按契约及物品清册接收物品。当时文华殿为军分会占用，因腾让问题，致使迁延时日，到1935年7月才开始展出。

创办附设国画研究馆

1937年2月23日，经钱桐所长呈请内政部批准，创办"古物陈列所附设国画研究馆"。该馆设有四班，设备因陋就简，为专门学校艺术毕业及同等学力人员深造而设，不收学费。抗战胜利后，于1946年再度向内政部呈请立案，并为"国画研究员作品及资格审查委员会"聘请名画家黄宾虹、于非闇、田世光、陆鸿年、俞致贞等为主任委员、委员。

古物查点造册

1938年7月18日，张允亮所长到所任职。8月15日开始进行古物查点工作。该所以前历次查点都是将物品与旧册核对，然后加盖戳记，不再另造新册。1933年古物南迁时南运部分古物，当时造有清册。留存所中的古物，在1934年冬由南京内政部派员会同该所根据旧册详细点查，历时两年始完成，造有新册，定名《内政部古物陈列所留平物品清册》。但编制的新册采用一贯编号，在品类区分上不够清晰，所以这次清查另编新册，详列类别，每类自为分号，每件将原号保留，加贴分类新号。刻制"二十七年复查"印章，在每件物品点查相符，即于留平物品册上加盖印章。

并入故宫博物院

1946年12月16日，内政部以礼字第1231号令饬古物陈列所办理向故宫博物院移交事项。该所与故宫博物院院长马衡及监交员何思源市长会商交接手续，几经讨论，为慎重起见，确定由院方组织接收委员会，以该院总务处张庭济处长为主任委员，所方组织点交委员会，以张允亮所长为主任委员。再由双方人员配合，共分六组，每组五人。于1947年9月1日开始，逐日分组点交。因所中物品几经清查，并分类编册，移交工作比较省力。所有行政各部门物品，如文书、会计、庶务各项，早经列册点交清楚，文物部门除柏林寺经版奉令专案移交外，其余都逐一按册详细接交，整个工作于1947年12月底结束。1948年1月，古物陈列所正式并入故宫博物院。

故宫建为博物院

溥仪被逐出宫

辛亥革命推翻了清王朝的统治,年仅6岁的溥仪皇帝,于1911年12月21日宣告退位。以其能放弃政权、赞成共和国体,民国政府给予优待。条件有八。

1. 清帝辞位以后,尊号仍存不废,中华民国以待各国君主之礼相待。

2. 清帝辞位之后,岁用四百万两,俟改铸新币后,改为四百万元,此款由中华民国拨用。

3. 清帝辞位之后,暂居宫禁,日后移居颐和园,侍卫人等,照常留用。

4. 清帝辞位之后,其宗庙陵寝,永远奉祀,由中华民国酌设卫兵妥慎保护。

5. 清德宗崇陵未完工程,如制妥修,其奉安典礼,仍如旧制,所有实用经费,均由中华民国支出。

6. 以前宫内所用各项执事人员,可照常留用,惟以后不得再招阉人。

7. 清帝辞位之后，其原有之私产，由中华民国特别保护。

8. 原有之禁卫军，归中华民国陆军部编制，额数俸饷，仍如其旧。

依据优待皇室条件，清帝逊位后仍居于后宫，内务府、宗人府等一套宫廷皇族事务机构和官员，照常奉职不变。溥仪仍以皇帝的名义颁发"上谕"，对遗老旧臣，不断进行封赠赐谥，纪年仍用"宣统"年号。清朝的遗老旧臣，顶戴补服，向逊帝跪拜称臣。有大批太监、宫女、侍卫供役使。太监及宫内各项执事人役犯罪，仍由内务府慎刑司审判治罪。对此，人民极为不满，民国政府参政院一些官员也不断提出批评。民国政府总统不得已，始派内务总长朱启钤、司法总长章宗祥与清室内务府进行交涉，要求清皇室遵守民国法律，奉民国正朔，经反复协商，于民国三年（1914）十二月二十六日制定"善后办法"七条。

兹为巩固清皇室安全，依据参政院建议案，声明优待条件议定善后办法如下：

1. 清皇室应尊重中华民国国家统治权，除优待条件有规定外，凡一切行为与现行法令抵触者，概行废止。

2. 清皇室对于政府文书及其他履行公权、私权之文书契约，通用民国纪年，不适用旧历及旧时年号。

3. 清逊帝谕告及一切赏赐，但行于宗族家庭及其属下人等，其对于官民赠给，以物品为限，所有赐谥及其他荣典，概行废止。清皇室所属机关对于人民不得用公文告示及一切行政处分。清皇室如为民事上或商业上法律行为，非依现行法令办理，不能认为有效。

4. 政府对于清皇室照优待条件，保护宗庙陵寝及其原有私产等一切事宜，专以内务部为主管之衙门。

5. 清皇室无确定内务府办事之职权为主管皇室事务总机关，应负责任其组织另定之。

6. 新编护军专任内廷警察职务，管理护军长官负完全稽查保卫之责，其章程另定之。慎行司应即裁撤。其官内所用各项执事人役及太监等，犯罪在违警范围以内者，由护军长官按警察法处分，其犯刑律者，应送司法官厅办理。

7. 清皇室所用各项执事人等，同属民国国民，应一律服用民国制服，并准其自由剪发。但遇宫中典礼及其他礼节进内当差人员，所用服色，得以其宜。

善后办法订立之后，溥仪小朝廷并不认真执行，且蓄意推翻。1917年宪法会议将要召开之际，借机策划了一次请愿活动。让内务府所有官员签名请愿，一些旧臣遗老及京师总商会等保皇组织也纷纷向众、参两院上书请愿，说优待条件"业已行之数年，中外翕然，毫无异议。当今日制定宪法之际，公民等拟请以宪法明文确实保证，俾垂久远"。同时四处活动，宴请各政团干部，制造声势。民国六年(1917)1月15日，内务府大臣世续及徐东海在金鱼胡同那宅花园宴请各政团干部要人258名，席间徐东海演说，强烈要求把优待条件加入宪法，接着汤化龙议长代表各政团致答词，保证优待条件不能变更。世续等又给民国要人、名流去信，要求各党派从内部疏通协助。清室这些活动并未达到目的，民国六年(1917)5月28日，兼署内务总长范源濂咨复清皇室说："本年四月二十日宪法会议第四十八次会议，经主席以关于清皇帝优待条件及待遇蒙满回藏各案件，本属缔结条约性质，曾经临时参议院议决，当然永远发生效力，其加入宪法与否，效力均属相等，不必再议。"

1924年10月下旬，冯玉祥发动北京政变，推翻了直系军阀政府，冯玉祥被推为国民军总司令。国民军支持的黄郛当上国务院代总理，摄行总统职务。鹿钟麟被任命为京畿卫戍总司令，冯玉祥当时已成为左右北京政局的强腕人物。

摄政内阁成立后，冯玉祥认为，张勋复辟，破坏共和，捣乱虽在张逆，祸根实在清廷，不取消清室优待条件，不把逊帝请出宫，今后难免有人再搞复辟，今后共和政体势难安宁。现宜趁北京政变而段祺瑞尚未入京之前，先驱溥仪出宫，修改优待条件。经11月4日摄政内阁会议通过，于次晨令卫戍总司令鹿钟麟、警察总监张璧会同中法大学理事长、国民党中央监察委员李煜瀛等执行，偕同清廷内务府绍英前往促溥仪自废尊号，出离故宫。并修改优待条件如下。

1. 清逊帝即日起永远废除皇帝尊号，与中华民国国民在法律上享有同等一切之权利。

2. 自本条件修改后，民国政府每年补助清室家用50万元，另拨200万元设立北京贫民工厂，尽先收用旗籍贫民。

3. 清室应按照原优待条件第三条，即日移出宫禁，以后得自由选择住居，但民国政府仍负保护责任。

4. 清室之宗庙陵寝永远奉祀，由民国政府酌设卫兵妥为保护。

5. 清室私产归清室完全享有，民国政府当为特别保护。其一切公产应归民国政府所有。

11月5日上午，鹿钟麟、张璧和国民代表李煜瀛带领国民军士兵、警察来到隆宗门外，与内务府总管大臣绍英、耆龄等交涉，取出摄政内阁修正清室优待条件决议及给逊清皇室的通知，绍英答应转达"皇上"。当两位太妃闻知限3个小时内搬走时，说什么也不肯走，这时醇亲王载沣得知宫中有变，急忙赶来，与溥仪商量，感到再坚持不搬已不可能，且有风险，力主即刻出宫，移居后海醇王府。交出了传国玺、宫殿，遣散无职守的太监、宫女。

下午四时十分，溥仪及其妻妾、载沣等在前，绍英、耆龄、荣源、宝照、太监、宫女等在后由御花园走出，登上国民军开到顺贞门前的五辆汽车驶出神武门，径赴后海北岸的醇亲王府。

成立善后会

溥仪出宫当天下午，摄政内阁开会，专门研究溥仪出宫的善后问题。参加会议的有王正廷（外交、财政两部总长）、张熠曾（司法部总长）、王乃斌（农、商两部总长）、李书城（陆军部总长）、易培基（教育部总长）。议决事项主要有：清室善后委员会（以下简称善后会）组织条例草案，善后会委员名额、人选，各种善后问题的处理等。

6日上午，鹿钟麟、张璧各带随员2人来故宫，向宝熙、耆龄等人征询对善后会组织条例草案的意见。宝熙、耆龄2人商量后表示，需办善后事项繁多，清室仅出委员2人，无法照料周到，要求从2人增加到4人。当天下午，清室派出5人到大高殿，参加会商。会上，耆龄首先提出，清室经过认真研究，认为善后会中清室委员虽增至4人，仍不足以应付责重事繁的职责，于是又增加罗振玉为委员。

这次会商，决定尽快办完五件事：

1. 除了在溥仪出宫当天交出的"皇帝之宝"等两颗印玺之外，今日再点收并封存交泰殿中的其他印玺；

2. 决定立即遣散的太监、宫女，可携带随身用品、金钱及非公物，于当天下午齐集神武门内，搜查后放行；

3. 原在各宫侍奉的太监、宫女遣散出宫后，即将各宫封锁；

4. 必须暂留宫内的太监、宫女及其他雇佣人员，可暂留宫内；

5. 溥仪及其妻妾等人的应用衣物，准醇王府派人取走。

这天会后，李煜瀛成立善后会筹备处，处址设在神武门内东耳房，开始办公。

（一）封存交泰殿宝玺 鹿钟麟等在清室代表绍英、宝熙等引导下，查看了永寿宫等处宫殿，封存了交泰殿的二十三颗印玺。这些印玺是：

白玉印玺八方：皇帝奉天之宝、大清受命之宝、大清嗣天子宝、天子之宝、天子信宝、天子尊亲之宝、敬天亲民之宝、赦命之宝。

青玉印玺七方：制诰之宝、皇帝信宝、皇帝亲亲之宝、命德之宝、讨罪安民之宝、敕正万邦之宝、巡守天下之宝。

碧玉印玺四方：皇帝行宝、天子行宝、表章经史之宝、垂训之宝。

墨玉印玺四方：广运之宝、钦文之宝、敕正万民之宝、御制六师之宝。

此外，还清点出"皇后之宝"等五方印玺，连同已送交封存的两颗印玺，共计30方。

养心殿、储秀宫等处的太监、宫女，6日下午3时以后，全部经神武门遣散出宫。一部分女仆及其他雇佣人员，经内右门、隆宗门出宫。

(二) 公布组织条例 1924年11月4日，《社会日报》载《清室善后委员会组织条例》：

第一条 国务院依据国务会议修正清室优待条件议决案，组织办理清室善后委员会，分别清理清室公产、私产及一切善后事宜。

第二条 委员会之组织：委员长一人，由国务总理聘任；委员十四人，由委员长商承国务总理聘任；但得由清室指定五人。监察员六人，由委员公推选任。国务总理得就委员长、委员中指定五人为常务委员，执行委员会议决事项，各院部得派一人或二人为助理员，辅助常务委员分办各项事务。委员会得聘请顾问若干人，就有专门学识者选定之。委员长、委员、监察员、助理员及顾问均系名誉职。

第三条 委员会之职务：(甲)清室所管各项财产，先由委员会接收。(乙)已接收之各项财产或契据，由委员会暂为保管。(丙)在保管中之各项财产，由委员会审查其属于公私之性质，以定收回国有或交还清室。如遇必要时，得指定顾问或助理员若干人审查之。(丁)俟审查终了，将各项财产分别公私，交付各主管机关及溥仪之后，委员会即行取消。(戊)监察员负纠察之责，如发现委员会团体或个人有不法情事，得随时向相当之机关举发之。(己)委员会办理事项及清理表册清单，随时报告政府并公布之。

第四条　委员会以六个月为期，如遇必要时得酌量延长之。其长期事业，如图书馆、博物馆、工厂等，当于清理期内，另组各项筹备机关，于委员会取消后，仍赓续进行。

第五条　委员会办公处所设于旧宫内。

第六条　委员会所需办公费，由财政部筹拨。

第七条　委员、监察员、助理员之审查规则及议事细则及办事细则均另订之。

第八条　本条例之修正须经委员多数议定后，呈请国务院公布之。

(三)处理后事　溥仪出宫后16天，同治帝的两妃瑜、瑨太妃，在善后会及清室人员照料下，于11月21日搬出故宫，迁到北兵马司麒麟胡同大公主府西苑居住。

两太妃出宫后两天，善后会又抓紧办理光绪皇帝之妃瑾贵妃出殡事宜，决定在11月21日把在慈宁宫内暂厝的瑾贵妃棺柩迁出故宫。瑾贵妃出殡，棺罩仍用清宫旧物，仪节一律用民国制度，仪仗队及执事人等300多人穿便服，戴特别徽章。灵柩出神武门后，一路由军警护送，径赴什刹海北广化寺暂厝。后来，瑾妃被安葬在河北易县清西陵光绪帝崇妃园寝的东墓穴内，西墓穴葬珍妃。

至此，紫禁城内已不再有逊清皇室人员，守卫故宫的也全部换上鹿钟麟的卫戍部队和警察。

（四）点查清宫物品 12月20日召开第一次委员会。这时由于政局发生变化，在11月10日，张作霖调军入关，到达天津与段祺瑞会晤，段祺瑞立即电邀冯玉祥到津，冯玉祥被迫同意与张作霖、卢永祥等共同推举段祺瑞组织中华民国临时政府，由段祺瑞出任"临时执政"。清室遗老奔走于段祺瑞府第，以段祺瑞为靠山，抵制善后会的行动。第一次会议，清室的五名委员拒不到会，并以清室内务府名义致函执政府，声明"碍难承认"善后会，"以后委员会如有决议事件，亦不能认为有效"。

这次会议议决三点：制定"点查清宫物件规则"18条，从登记、编号，到物件挪动都作了严密规定；定于12月22日下午在神武门城楼上召开点查预备会，23日正式开始点查清宫物品；李煜瀛以善后会委员长名义宣布他签发的一封信。信中说，委员长所兼任的常务委员，请陈垣代理。委员长不在故宫时，由陈垣代理委员长职务。

22日，在点查预备会开会之前，接到国务院内务部转来临时执政府秘书厅21日发给内务部的公函，要求内务部制止善后会点查清宫物品。公函内称：径启者，奉执政谕，据报清室善后委员会于本月二十三日点查清宫物件，现清室善后之事，政府正在筹议办法，该委员会未便遽行点查。着内务部警卫司令查止。

主持会议的李煜瀛，首先在会上提出这件事，请到会委员、监察员、顾问及各院部助理员讨论。他在发言中激烈抨击执政府，认为这样做法既违反民意，也不符合手续。查点清宫财物，是善后会组织条例中规定的任务，善后会并非政府组织，碍难遵从执政府命令，停止查点工作。

吴稚晖、易培基、庄蕴宽发言，也都抨击执政府此举不当，主张按预定日期清点。鹿钟麟更为激愤，他强调不点查清宫中财物，即无从分明责任，昭信于国人。

会上决定：点查清宫物品工作按预定日期于12月23日如期进行，函复内务部，声明点查清宫物品一事系善后应办手续，万难中止，立即按善后会组织条例成立图书博物馆筹备会，聘请易培基为筹备会主任，另成立工厂筹备会，聘吴稚晖为筹备会主任。

23日上午，担任点查清宫物品任务的人，清早来到神武门内集合地点，到场的有组长陈去病，负责查报物品名目的徐鸣寅、马衡，身负物品登录职责的陈宗汉等三人，负责写签的董作宾、庄尚严，负责贴签的罗宗汉、徐炳昶，负责事务记载的魏建功、潘传霖，照相一人及担任监视工作的五人：裘善元、俞同奎、杨树达、吴瀛、易培基。而应参与的警察却未到场，因此这天没有点查。在"点查组单"上特地注明："本日因警察未来，未实行点查。"

正式点查工作是在24日上午开始进行。从乾清宫、坤宁宫查起。

下午，送来了段祺瑞同意点查的批示。这是22日召开点查预备会后，警察厅列席会议人员将与会人员抨击执政府制止点查的做法不当，传到内务部次长王耕木耳中，王耕木又转告了内务部总长龚仙洲。当天晚上，王耕木奉龚仙洲之命，到庄蕴宽家作解释，说"这次命令是段执政签发，我部为下属，不得不遵守。希望善后会能予谅解，暂不点查"。庄蕴宽向王耕木讲了他在会上发表的意见，又写了一封信要求坚持点查，要王耕木转达龚仙洲。龚仙洲看了庄蕴宽的信后，写了呈折，要王耕木面陈段祺瑞，呈折说，内务部仔细检查过善后会订的点查规则，"均尚缜密周妥"，建议"不妨仍照该会原议办理"。呈折送段祺瑞后，又在"点查清宫物件规则"外补充了加强监督，增加点查人员等五点，方获批准。点查遂延续进行。

成立建院筹备会

1924年12月22日，根据善后会组织条例中第四条规定，成立了以易培基为主任的国立图书馆、博物馆筹备会，着手建院的准备工作。经过反复考虑研究博物馆的名称，决定定名为"故宫博物院"。以故宫后半部分为院址展出。定于1925年10月10日开幕。

起草"故宫博物院临时组织大纲""临时董事会章程""临时理事会章程"。

组织机构考虑从清宫接收的公产多为古物和图书，而世界各大博物馆也大多包括古物及图书文献，因此决定设古物和图书两馆。

开院典礼

故宫博物院在1925年10月10日举行隆重的开院典礼。这一天，神武门门上嵌上了李煜瀛手书颜体大字"故宫博物院"青石匾额，门外搭起花牌楼，顺贞门内竖着大幅《全宫略图》。典礼地点选在乾清宫前。

请柬发出了3 500份。从临时执政段祺瑞起，到北京市军、警、政、法、学、商、新闻各界人士，都在被邀之列。靠近北京省份的省督办及名人，也都专柬邀请参加。黎元洪、冯玉祥、张作霖、李景林等不能亲自参加的，都复了信，派了代表。市民见到报上消息，很多也赶来参加，整个丹陛上都被来人站满。

典礼由庄蕴宽主持。善后会委员长李煜瀛讲话说："自溥仪出宫，本会即从事点查故宫物品，并编有报告，逐期公布。现点查将次告竣，为履行本会条例，并遵照摄政内阁命令，组织了故宫博物院。内分古物、图书两馆。此事赖警卫司令部、警察厅及各机关与同人之致力，方有今日之结果。"

黄郛、王正廷、蔡廷干讲话之后，鹿钟麟讲话。他说："大家听过'逼宫'这出戏。人们也指我去年所作之事为'逼宫'。但彼之'逼宫'为升官发财，或为作皇帝，我乃为民国而'逼宫'为公而'逼宫'。"他的讲话激起一片掌声。

于右任、袁良也讲了话。

为了庆祝开幕，故宫博物院特地将开幕当天及第二天票价从一元减为五角。参观范围也扩大了，不只可以参观过去即向特定人士开放的中路（御花园、后三宫等处），还扩大到及西路（西六宫等处）及养心殿、寿安宫、文渊阁、乐寿堂等处。同时，增辟了古物、图书、文献陈列室多处，任人参观。

新增辟的陈列室有：

1. 古物书画陈列室。设在坤宁宫北侧诸室。第一馆陈列书画，第二馆陈列铜器，第三馆陈列瓷器。

2. 图书陈列室。第一室设在文渊阁，第二室设在昭仁殿。

3. 文献展览。第一室设在养心殿，展出康熙皇帝用过的盔甲、乾隆皇帝用过的甲胄戎服、骑马戎装像、后妃画像、南迎图、大婚图等。第二室设在乐寿堂，展出雍正、道光、同治各帝的朱批谕旨、密谕；金梁、康有为、徐良等密谋复辟的文证；溥仪及其妻妾的照片200多幅。

这些陈列室都是利用原有宫殿、庑房略加整理布置起来的。尽管如此，这毕竟是民众难以见到的，很受吸引，两天内前来参观的多达5万人。

开院典礼结束以后，清室善后委员会发了一道通电给段执政、各部院、各机关、各省督办、省长、各总司令、各都统、各法团、各报馆，通报故宫博物院成立情况：

本会议成立半载有余，竭蹶经营，规模初具。现已遵照去年政府命令，将故宫博物院部署就绪，内分古物、图书两馆，并于本日双十节举行开院典礼，观礼者数万人。除该院临时董事会、理事会各规程前已正式披露以外，特电奉闻，诸希匡翼。临电无任翘企之至。

故宫博物院成立后，一方面继续点查清宫物品，一方面筹建两馆一处，古物馆以西三所为馆址；图书馆下建立图书部和文献部两个部，图书部设在寿安宫，文献部设在南三所；总务处选定神武门内西侧排房做办公室，陆续展开工作。

故宫博物院

后　记

春末夏初，乍暖还寒，在《故宫概览》完稿之际，又一次步入故宫，再品味一下这美轮美奂的建筑，回味一下这里每一寸土地曾经发生的故事。金水河静静地流淌，波澜不惊，见证着故宫600年的沉沉浮浮。

作为世界文化遗产之一，故宫深厚的文化内涵和美学意蕴，是其他建筑所无法比拟的。本书撷取《北京志·世界文化遗产卷·故宫志》的精华，将其中有关故宫建筑及故宫博物院成立过程两部分内容通俗、简略地提炼出来，图文并茂，让更多的读者从更专业的角度了解故宫，品味故宫文化。

本书得到丛书副主编谭烈飞先生的指导和于虹女士的帮助，首都师范大学历史学博士、故宫博物院馆员高希老师对一些专业的表述给予规范，北京出版社编辑李更鑫认真负责提升书稿质量，在此一并表示感谢。对于书中一些不尽如人意之处，也请读者批评指正。

2018 年 3 月

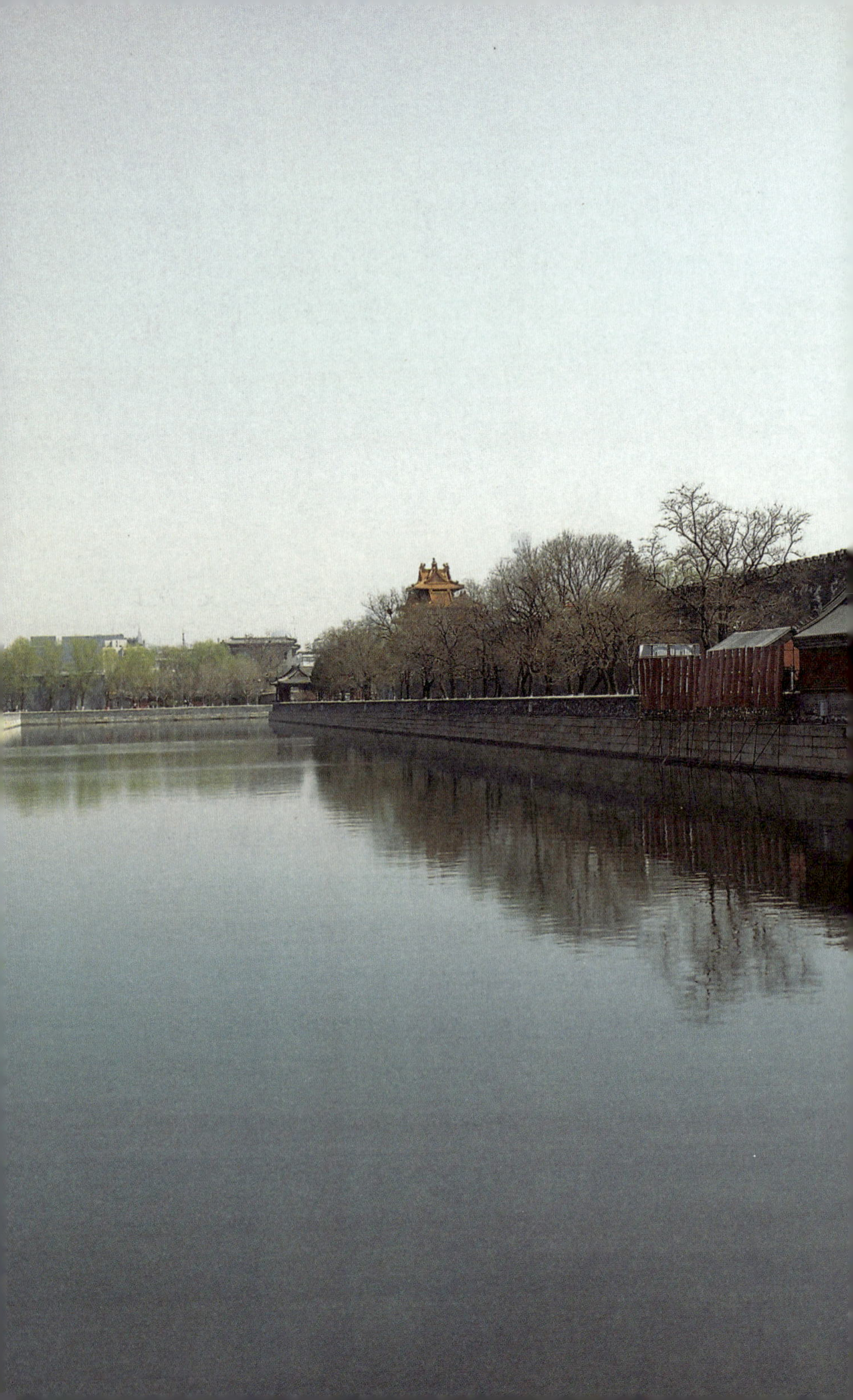